知がめぐり、人がつながる場のデザイン

働く大人が学び続ける
〝ラーニングバー〟というしくみ

東京大学准教授
中原 淳

英治出版

はじめに

何かを人に語りかけようとするとき、その「内容」と「視点」と「宛先」を明示しておくのは、非常に重要なことです。

僕は「何」を語るのか？（内容）
僕は「何者」なのか？（視点）
そして、僕は「誰」に対して語りかけているのか？（宛先）

僕はこれらを明らかにしながら、本書をしたためたいと願います。「内容」と「視点」と「宛先」を抜きにした語りは、結局「中空」に漂い、誰の「耳」にも届かぬことがままあるからです。本書においても、まずそのことを、この本を手に取って頂いた皆さんと確認することからはじめましょう。

まず「内容」です。

本書で、僕は「ラーニングバー（Learning bar）」という、組織を超えた「大人のための学びの場」について語りたいと思います。

今や、毎回の募集人数二〇〇人に対して、八〇〇人を超える方々が申し込むまで成長したラーニングバー。決して申し込み人数が重要なわけではないのですが、以前よりも多くの社会的期待を頂けるようになってきました。

本書では、その「学びの場」がなぜ生まれたのか、どのように僕はそれを創っているのか、その歩みとノウハウについてご紹介しようと思います。そして、現在、そこにどういった新たな課題が生まれているのかについても、触れたいと感じています。

一方で、「ラーニングバーについて語ること」は「ラーニングバー以上のものについて語ることになるかもしれないこと」に、僕は気づかぬわけにはいきません。つまり、ラーニングバーがどのようなものであるかをなるべく正確に語り尽くそうとすることは、ラーニングバーを開くことで僕自身、あるいは、僕につながる人々に生じた変化についても語ることとなのです。

その変化は、

①僕自身が「学び手」として充実した日々を過ごせることに加え、ラーニングバーに集う人々と僕がつながりはじめ、さまざまな仕事をともになすようになったこと

②ラーニングバーに集う人々同士がつながり、新たな商品やサービスを生み出しはじめるようになったこと

③ラーニングバーで学んだことを再吟味するさまざまなコミュニティが生まれはじめたこと

④ラーニングバーのような自主的な研究会や勉強会を自ら開催する人々が現れはじめたこと

――など、諸相にわたっています。

このように、ラーニングバーは、僕と僕につながる人々にさまざまな「変化」を引き起こしました。見方によっては、そこに「エコシステム※」とも形容できる「ゆるやかな社会的つながり」が生まれはじめているとも言えるようです。そこでは、多様な人々が出会い、交歓のなかから、予想もしなかった知が生まれています。

次に、どのような「視点」で語るか、ということです。

僕は、この本を「ラーニング・プロデューサー」という実践家の立場で語ります。ラーニング・プロデューサーという言葉は僕の造語ですので、これには少し説明がいるでしょう。ここでは、さしずめ「人々に学びや気づきをもたらす〝しかけ人〟」だとお考えください。

僕はふだん大学で教育・研究に当たっている「プロフェッサー」のひとりです。自分の専門は「経営学習論」だと考えています。経営学でいう「組織行動論」に近い研究分野かもしれません。

主に「企業・組織で働く人々の学習・コミュニケーション・リーダーシップ」について研究しており、研究室のキャッチコピーは「大人の学びを

※一般にエコシステムとは「複数の要素・生体が相互作用を行いながら、機能している全体であり、そこに何らかの物質循環が認められるもの」を指します。ここでは、複数の学習者が相互作用しつつ、そこに知が生まれ、めぐるような社会的動態をあらわすメタファとして、これを用いています。

科学する」です。大学での僕の役割は「プロフェッサー・オブ・マネジメントラーニング(Professor of Management Learning)」になります(プロフェッサーとしての研究業績はほかの著書をご覧ください)。

しかし、本書においてラーニングバーを語るときの僕の語りは「プロフェッサー」ではなく「ラーニング・プロデューサー」のそれに、あえてこだわることにします。すなわち、学びの場を創造するひとりの実践者として、それを「しかける人間」のひとりとして、それをどのようにデザインしているのかということを、一人称で経験的に語りたいと思うのです。

もちろん、そうはいっても、両者ははっきり切り分けることができるものではありません。僕は「プロフェッサー」であり「プロデューサー」です。そして「プロデューサー」であり「プロフェッサー」なのです。いくら「プロデューサー」の立場に立つといっても、ときに「プロフェッサー」としての語りが交じることもあるかもしれません。

ゆえに、本書では、可能な限り「書き分け」を行いたいと思います。「プロデューサー」としての語りは本文において、「プロフェッサー」としての語りが生じた場合は脚注において、文をつづることにしました。ただし、後者は読者の方々の継続的な学習に資すると思われることだけにとどめます。

本書における僕の「視点選択」は、「プロフェッサー」として生きられない人が「プロデューサー」として生きることを選ばざるを得ない、というような「消極的な選択」ではありません。

むしろ、僕自身が「プロデューサーとしての役割」と「プロフェッサーとしての役割」を併せもつ存在であろうとする「積極的な選択」の結果です。その選択ゆえに、己の「バルネラビリティ(脆弱性)」が高まり、それぞれの世界から疎んじられようとも、僕はそのことを意に介しません。むしろ、この役割の二重性にこそ、自らが研究する意味があるのではないか、と朧気ながらに感じています。

最後に、本書の「宛先」です。

この本を通じて僕が語りかけたい方は、「自ら学びの場を創ろうとしている実務家の方々」です。

生き馬の目を抜くような厳しい外部競争環境のなかで、自分自身が事を成し遂げるために、そして、ハードな仕事を楽しむために、「自分自身と他者が学ぶ場、気づきを得られるような場」をあえて創り出そうとしている方々に、この小さな本を捧げます。

僕は「何」を語るのか？

僕は「何者」なのか？

そして、僕は「誰」に対して語りかけているのか？

冒頭に掲げたこの三つの問いに対する僕の「答え」はまとまりました。

本書において、僕は、自らがデザインした学びの場である「ラーニングバー」と「それを超える何か」について、「ラーニング・プロデューサー」

という実践者の立場から、「自ら学びの場を創ろうとしている実務家の方々」に語りかけようと思います。

本書における僕の語りが「自ら学びの場を創る実務家」の明日の一歩に、少しでも寄与しますように。また、僕自身がこの機会を通じて、自らの為してきたことに対して深い内省をすることができますように。

そして、果てしなく液状化するこの世の中に「ラーニング・プロデューサー」を名乗る人々がますます増えることを願います。

「ラーニング・プロデューサー」たちが、それぞれの個性を活かしつつ、多種多様で異種混交な学びの場を生み出していくこと。そして、それがあたかも「祭りの日の縁日」のように連なっている状況。そして、この祝祭空間において、志ある人々が行き交い、賑わい、談笑し、気づきを得て、新しい「何か」を生み出す……。

そんな「近い将来」を僕は夢見ています。

目次

第一章

ルポ
ラーニングバー・エクスペリエンス

ラーニングバーの開場まで

東京大学本郷キャンパス。正面赤門を入ってすぐ左に、「福武ホール」という横長の特徴的な建物があります。設計したのは建築家の安藤忠雄氏で、教育環境設計には僕の同僚の山内祐平准教授、立命館大学の八重樫文准教授らが中心的役割を果たしました※。この建物は二〇〇八年にグッドデザイン賞を受賞しています。

二〇一〇年九月二九日、この建物の地下二階にある福武ラーニングシアターで、この年三回目となるラーニングバーが開かれました。開場は午後五時三〇分。あたりが夕やみに包まれる頃、参加者は続々と会場への階段を降りていきます。もうホワイエ（ロビー）には、人だかりができています。

開場までのあいだ、大学院生や学部生からなるラーニングバーの運営スタッフは、最終準備に追われています。ホワイエには受付のテーブルが置かれ、担当者がつきます。会場入り口には、季節やその回のテーマ

※ 大学における学習空間の変化については下記の書籍に詳しい。
『学びの空間が大学を変える』山内祐平（編）、林一雅・望月俊男・西森年寿・河西由美子・椿本弥生・柳澤要（著）／ボイックス株式会社

図1　準備風景

に合った装飾を施します。会場内のバーカウンターには飲みものや食べものを並べます。

この日は、バーカウンターに秋をイメージさせるテーブルクロスを敷いて、栗や柿などを模した季節感のある小物を置きました。食べものは、おにぎり、きのこなどの和食惣菜、パンケーキ、それに見た目も鮮やかな和菓子などです。飲みものはワインとビールとお茶でした。ワインは国産のもの、ビールは「ザ・プレミアム・モルツ」と「ヱビスビール」を揃えました。

会場の準備がほぼ整ったら、スタッフ全員が集まり、最終ミーティングを開きます。

僕の方からは、その回のテーマについてもう一度説明し、参加者に気持ちよく学んでもらうために、各自が「自分なりのホスピタリティ（おもてなし）を発揮するように」とお願いしました。

「僕たちは、参加者の方々に、単なる〈イベント〉を提供するのではない、〈ラーニング・エクスペリエンス（学習経験）〉を提供するのです。皆さ

図2　準備風景

ん一人ひとりが学習者の方々の立場に立って、できることは何なのかを考え、学習者のためになると思うことを積極的に取り組んでください」

開場までの準備はこれで完了です。

ウェルカムドリンク

ラーニングバーの参加者は、メールマガジンやブログで開催が告知され、ウェブで応募してもらったあと「抽選」を経て決まります。受付では、スタッフが参加者の氏名や所属を一人ひとり確認させて頂き、参加費四〇〇〇円を受け取って領収書をお渡しします。領収証の発行数から推測するに、個人として来られる方が半分、会社の経費で来られる方が半分、という印象です。

受付を済ませた参加者はそのまま開場に入り、バーカウンターから食べものや飲みものを手に取って席につきます。最初はおそるおそるバーカウンターに向かう方もいますが、次第にカウンターの周りに人が集まりはじめると、あまり気にならなくなるようです。

プログラムがスタートするまでの時間、会場にはBGMが流れています。この日は、クリエイティブ・ディレクターを務める大学院生の舘野泰一さんにBGM選曲を任せました。舘野さんは事前にプロのDJの方と打ち合わせて選曲してくれました。

ウェルカムドリンクのあいだ、正面のスクリーンには「Welcome to Learning bar!! 早速ですが、皆さんに三つのお願いがございます」と見出しをつけたスライドを映し出しておきます。

三つのお願いとは以下のものです。

①満員御礼。椅子を詰めてお座りください。

②大人の学びは「食」からはじまる！　食べもの・飲みものをご自由にお取りください。

③ラーニングバーではお近くの参加者とのディスカッションの時間が

図3　自己紹介

あります。前後左右の方と名刺交換・自己紹介をお願いします。

参加者の皆さんは、このインストラクションをご覧になって、各自、食べものや飲みものを口にし、近くの方との名刺交換・自己紹介をします。このあたりから会場がだんだん騒がしくなってきます。そこかしこで笑いが起きはじめます。

一方、ラーニングバーで話をする講師の方には、特別の理由がない限り、開場と同時にその場に居合わせてもらいます。控室は特に設けません。通常のフォーラムやセミナーでは講師のために控室を用意し、直前になって会場に入ってもらう、というのが一般的なようですが、わざとそうはしません。また、そのあいだ、僕はどんどん開場を歩き回り、参加者に挨拶して、話しかけます。

そうこうするうちに、はじめはぎこちなく名刺を交換し合っていた参加者のテンションも上がっていきます。このあたりでBGMのボリュームを上げていきます。ボリュームが上がるにつれて、あちこちで交わされる会話の声も大きくなります。

食事、装飾、BGM、スタッフや人々の行動……、ラーニングバーに存在するあらゆるものは「メディア」です※。それらは、あるひとつの意図に沿ってゆるくデザインされ、アンビエントに、ひとつのメッセージを参加者に伝えています。ひとつのメッセージとは「ラーニングバーを皆さんで楽しい場にしましょう」というものです。知らず知らずのうちに人々はさまざまなメディアから情報を受け、あるいは人によってはメディアの出すメッセージを積極的に解釈し、この場に少しずつ、ゆっくりと慣れていきます。かくして六時となり、BGMは止みます。

本日のラーニングバー、満員御礼にて開講です。

振る舞い方をいま一度、説明する

ラーニングバー当日における僕のもっとも重要な役割は、プログラム開始直前に行う一五分間の「イントロダクション」です。

講師のプレゼンテーションに先だって皆さんに挨拶するとともに、

※「メディアとは、物質的なものが記号活動を支える媒介と化した状態」である。『記号の知／メディアの知——日常生活批判のためのレッスン』石田英敬（著）／東京大学出版会

ラーニングバーの概要とコンセプト、そしてこの場を楽しく過ごすためのルールを説明します。参加者の皆さんが、既にさまざまな「メディア」から間接的に感じていたであろうことを、ここでいま一度、言葉にして説明するのです。

まずはラーニングバーの目的についてご紹介します。「ラーニングバーとは、〈働く大人〉と〈組織〉と〈学習・成長〉という三つの領域に関心のある人々が、それらにまつわる最先端のテーマをもとにディスカッションする場である」ということを伝えます。

それから、当日の参加人数を発表します。この日の申し込み数はラーニングバー史上最多の約八〇〇人でした。そのなかから抽選を経て参加したのは約二〇〇人、その人たちの所属する企業や団体の名前をすべてスライドで映し出し、参加者の多様性がこの会の財産である、という点を強調しました。

次は、ラーニングバーのコンセプトについての説明です。参加経験のある方々には既におなじみのフレーズです。

ラーニングバーは、

①聞く
②聞く
③聞く
④帰る

という場ではなく、

①聞く
②考える
③対話する
④気づく

場である、ということをスクリーンに大写しにします※。

※学びの空間を支配する注入主義の教育（"聞く・聞く・聞く・帰る"の教育）、いわゆる導管型教育の弊害については、次の書籍が詳しい。『ダイアローグ 対話する組織』中原 淳・長岡 健（著）／ダイヤモンド社

こうした説明は、何度かラーニングバーにいらした方にとっては、ややくどい印象を与えるかもしれません。しかし、あえて、ここは何度でも言います。

ラーニングバーは、講師の話を聞き、自分の頭で考え、ほかの参加者たちと対話して、気づく場です。そして、その一連のプロセスが学びだと僕は考えています。

さらに言うと、これら四つのプロセスのうち、この場での中核的な活動は「③対話する」です。この活動だけが「自己」に閉じていない活動であり、「④気づく」を支える源泉になります。したがって、イントロダクションでは対話のルールについても四点に分けて説明します。

対話のルールのひとつめは「私」を主語にして語ることです。ラーニングバーにおける対話は「〈私〉はこう思う」「〈私〉はこう感じる」を基本とし、「〈私たち〉はこうすべきだ」とか「〈世の中〉はこうあるべきだ」といったフレーズは使わないように、とお願いします。

二つめは、経験談や主観を歓迎することです。「私の日常」は「他人の驚き」です。そのことにお互い気づくことが学びにつながります。

三つめは、「人はそれぞれ違っていて当たり前」という意識をもっておくことです。対話を交わすなかで「そう考える人がいるのか」「なぜ、違うのか」とさらに考えることが大事なのです。「違っていたら丸もうけ」と、どこかで聞いたようなセリフを繰り返すこともあります。

四つめは、対話のなかでは「あえて判断を保留する」ということです。対話は「勝ち負け」や「正しい・正しくない」を決めるために行うためのものではありません。互いに考えを述べ合い、その違いをしっかり認識し、判断を保留したうえで、違いの背景にある「アサンプション(前提)」に気づくことが重要なのです※。

これらのルールにのっとった対話は、ビジネスパーソンがいつもオフィスでとっているコミュニケーションの作法とは真逆である場合が多いでしょう。

一般に、オフィスでは「主観的」であることはネガティブな行為であ

※批判経営学派は、自己が依存する外的環境の前提に対して意識化がなされることをクリティカルリフレクション(Critical Reflection)と呼び、自己内部への、一般的なリフレクションと区別します。

Vince, R. and Reynolds,

り、「客観的」であることが求められます。会議で「違い」が生じるのもよいこととはされず、いかに早急な「意思決定」を行い「合意」を導き出すかが求められます。会話は「もれなくだぶりなく」、「決めること」を保留することなどもってのほか、ではないでしょうか。

　ラーニングバーでは、そういう「オフィスの日常」とは真逆のコミュニケーションパターンを設定することによって、乾いた日常に慣れてしまった自分の考えや「パースペクティブ（視座）」を解きほぐしてもらう場を目指しているのです。

　イントロダクションでは、茶道でいうところの「用意」と「卒意」、「主客一体」「一座建立」についてもお話しします。

　茶道のもてなしでは、主人は道具などを準備し、空間を演出し、客を待ちます。これを「用意」と言います。しかし、おもてなしの本質は、主人の側のみにあるのではなく、主人と客がともに、すなわち「主客一体」となって互いの役割を果たし、茶会を成り立たせること、すなわち協同

M.(2009) Reflection, Reflective practice and organizing reflection. Armstrong, S.J. and Fukami, C.(eds.)(2008) The SAGE handbook of Management Learning, Education and Development. pp88-103 SAGE

図4　イントロダクション

で場の構成にかかわる「一座建立」にあるのです。これを「用意」に対応して「卒意」と言います。

同じように、ラーニングバーでは主催者側はテーマの設定や講師との打ち合わせも含め、「用意」を怠りなくして参加者を待ちます。そしてバーがオープンしたあとは、参加者にも「卒意」を発揮してもらうことを積極的に求めます。「主客一体」となって、ともによい学びの場を創っていこう、と呼びかけるのです。

その際には、主人と客のあいだの和、すなわち「主客の和」だけでなく、立場を超えた客同士の「相客の和」を重んじ、この場がすべての人にとっての学びの場になるよう「卒意」をもって振る舞うことを求めるのです。

テーマを問いかけ、講師を紹介する

イントロダクションでは、続いて講師の方をご紹介します。
この日のテーマは、「成長する『しかけ』を創る　経営成果につながる人材マネジメントのあり方とは？――挑戦と安心のあいだで」というものでした。講師には、株式会社サイバーエージェント取締役人事本部長の曽山哲人さんをお招きしました。

世間では「挑戦する会社をどうやってつくるか」「前例を打ち破る社員が欲しい」などと言われます。しかし、「挑戦しようとした社員が〈出る杭〉になって冷や飯を食わされた」とか、「挑戦に失敗した人が組織にいられなくなった」といった話もよく聞きます。

つまり、組織で働く人たちは、一方では挑戦を求められ、しかしその挑戦が必ずしも報われない、という「ダブルバインド（二重拘束）」の状況下に置かれていることがあります。挑戦するためには「安心」が必要なのにもかかわらず、それが確保されないまま「挑戦」だけが求められる、という事態が横行しがちなのです。

そこで、「挑戦と安心」のあいだを人事部門はどのようにマネジメントするべきか、さまざまなステークホルダーの声に耳を傾けつつ、どんなアプローチで「成長するしかけ」をつくり、どうやって「挑戦と安心」という「ダイコトミー（二分法）」を超えるのか、というテーマを選んだのです。

ちなみに、この日、ラーニングバーのクリエイティブ・ディレクターのひとりである吉村春美さん（中原研究室修士課程一年）が参加者のために揃えた飲食物も「挑戦と安心」をイメージさせるものでした。外国産ワインを上回る味わいを目指している国産ワインで「挑戦」を、日本の家庭料理の代表格ともいえるおにぎりやオーガニック食材を使った和食惣菜で「安心」を表現しています。

飲食物も「メディア」です。メディアはアンビエントにメッセージを表現し、参加者の解釈を待ちます。「挑戦と安心＝国産ワインと和食」の組み合わせは参加者の方々にも新鮮に映ったようで、あっという間になくなっていきました。

図5　講師の登場

なお、講師紹介の最後には、その日のタイムテーブルをもう一度説明します。参加者全員に付箋紙を配って、あとから曽山さんへの質問を書いて出してほしいということや、感想などを「ツイッター」でつぶやく際には固有の「ハッシュタグ」をつけてほしい、といったお願いもしておきました。

六時一五分、いよいよ曽山さんのご登壇です。

講演パート1と「ゆるゆるネットワーキング」

曽山さんのプレゼンテーションは、「パート1」と「パート2」、それぞれ三〇分間の二部構成です。このように二サイクルを回す理由はあとから説明します。

パート1では、曽山さんは「人事制度は大きなゴールから考える」というお話をされました。しばらく曽山さんのお話に耳を傾けてみましょう。

図6　プレゼンテーション

サイバーエージェントは一九九八年に設立されました。二〇一〇年（予想）の売上は九六六億円、営業利益は九三億円。「Ａｍｅｂａ」「アメーバピグ」などを運営するインターネット総合企業です。

現在、同社社員は単体で八〇〇人。四十歳以上は数人しかおらず、平均年齢は二十九歳。毎年一〇〇人前後の新卒者が入社します。人材面では内部育成を重視しており、「Great Place to Work Institute Japan」が調査した「働きがいのある会社・日本におけるベスト25」（二〇一〇年）にも選ばれています。

けれども、かつてのサイバーエージェントは問題だらけでした。設立後、急成長を遂げたものの、二〇〇〇年に上場を果たした直後にＩＴバブルの崩壊に直面し、その後は、売上は伸ばしながらも赤字決算が続きました。社員数は増えていきましたが、離職率は高く、一時は三年連続で三割が退職するという状況でした。

その間、藤田晋社長ら経営陣は組織風土づくりに試行錯誤を重ねたものの、現場にはその努力が伝わっていませんでした。仕事を楽しもうとする生え抜き組と会社に不満を抱える転職組の意識のギャップも大きく、「転職組の上司と生え抜き組の部下」という組み合わせになると、マネジメントの仕方やインターネット知識をめぐる葛藤も生じました。また、会社は社員に新規事業に積極的に取り組んでもらおうとしましたが、新規事業が失敗して撤退が決まると、担当者のほとんどが退職していました。

その頃、サイバーエージェントが抱えていた課題は、以下の三点にまとめられます。

①ビジョンや価値観が浸透していない
②社員同士のつながりが希薄
③社員たちが認められる機会が少ない

転機は、上場から三年後の二〇〇三年に訪れました。役員が一泊二日の合宿を行い、「二十一世紀を代表する会社をつくる」というビジョンを明確にするとともに、そのゴールに向けて人事部門の機能を強化することを決めたのです。

以来、サイバーエージェントでは「二十一世紀を代表する会社をつくる」というビジョンを掲げています。経営陣が判断に迷ったときはこのビジョンに立ち戻り、今、自分たちが下そうとしている判断は「二十一世紀を代表する会社」にふさわしいものか、自分たちに求められている「経営の成果」は何なのか、というふうにビジョン（ゴール）から逆算する思考を働かせます。

人事機能を強化する具体策としては、価値観・行動規範の明文化、新規事業プランコンテストの開始、部活動支援制度の創設、イントラネット社内報「サイ・バー」の拡充、現場の声を拾う「バージョンアップ委員会」設立、社員表彰の刷新など、さまざまなアクションを起こしていきました。

ここまでプレゼンのパート1は終わりです。僕が会場の後方や両サイドから、参加者の頭や顔の角度、メモをする様子などを多角的にモニタリングしたところ、皆さんの反応もよいようでした。曽山さんは、

ジョークや社内の裏話も織り交ぜながら巧みな話術で熱く語り、会場は時折、爆笑に包まれました。

このあと、曽山さんにはいったん壇上から降りてもらい、プレゼンのパート2をはじめる前に「ゆるゆるネットワーキング」という三〇分の新コーナーを挟みました。企画を担当したディレクターは前出の大学院生、舘野さんです。

「ゆるゆるネットワーキング」は、参加者同士が飲んだり食べたりしながら、その回のテーマについて語り合い、交流を深めてもらうことを目的としています。

曽山さんの前半のプレゼンでは、かつてのサイバーエージェントにおける「挑戦VS安心」「経営陣VS現場」といった矛盾が浮き彫りになりましたが、そうした話を参考に、参加者それぞれが働くなかで感じている矛盾について考え、それらをお互いに見せ合うことを対話のきっかけにしてもらおう、というのがこの時間の狙いでした。

この日、受付では「ダブルバインドカード」というネームシールが参

図7　ゆるゆるネットワーキング

加者にあらかじめ配られていました。舘野さんのインストラクションで、参加者はそれぞれカードに自分が抱えている「ダブルバインド（二重拘束）」を「○○VS○○」という表現で記入しました。

また、カードには、赤・青・黄色のうち一色のマークがつけてあり、はじめは、色別に指定されたバーカウンターに食べものや飲みものを取りにいく、というルールになっていました。その旨についても舘野さんが説明し、会場に再びBGMが流れると、参加者は書き終わったカードを胸に張り、席を立ちました。

カードには「優秀な人材を育てるVS使える人材を見つける」「目先の成果VS長期の成果」「よい商品をつくるVS売れる商品をつくる」「自立してほしいVS任せるのは不安」など、さまざまな「ダブルバインド」が書き込まれていたようです。しばらくすると、参加者はカードの色とは関係なく自由にバーカウンターを移動しはじめ、会場全体がヒートアップしていく様子が感じられました。

図8　ダブルバインドカードを記入

そうした熱気のなか、食べものや飲みものも飛ぶようになくなっていきます。バックヤードでは、中原研究室の大学院生である我妻優美さん、脇本健弘さん、木村充さんが追加のサンドイッチを買いに走りました。

講演パート2と「リフレクティブ・ダイアローグ」

「ゆるゆるネットワーキング」は三〇分で終了。前半に続き、曽山さんのプレゼンパート2がはじまります。

後半のタイトルは「経営と現場のあいだでヒントを探す」というものでした。二〇〇三年にビジョンを明確にしたサイバーエージェントでしたが、どこに向かって進んでいけばいいのか、まだ迷いのなかにいた、そう曽山さんは語り起こしました。

図9　ネットワーキングの様子

図 10　会場の様子

私が人事本部長に就任したのは二〇〇五年。それまでは営業の責任者を務めており、人事に対しては「いつも忙しそうに働いているし、採用や労務に関しては頼りになるけれど、どのくらい現場のことを知ってくれているのだろう」と疑問を感じていました。「まず人事の役割を決めよう」と思い立った私は「経営陣からも社員からも好かれる人事にしたい」と考え、経営陣と現場の双方から人事への要望を聞いてみました。

すると、経営陣からは「強くて、権限をもち、頼れて、相談しやすく、自らしかけて行動することのできる人事になってほしい」といったリクエストが出てきました。一方で、現場からは「経営陣の考えをもっと教えてほしい、上司以外の相談窓口になってほしい、部下の育成や評価に協力してほしい、きちんと自分たちを評価してほしい、新卒社員がやめないで済むようにしてほしい、かといって新卒社員ばかりを大事にしないでほしい」といったリクエストが寄せられました。要するに、皆が思い思いのことを言っており、これだけではどうやってまとめればいいのかわかりません。

しかし、人事部門で徹底的に議論した結果、「私たちの役割は、経営陣の考えをわかりやすく現場に伝え、現場の声から本質を見抜いて経営陣に提言する〈コミュニケーション・エンジン〉ではないか」というひとつの答えが導き出されました。私たちはこの考えに沿って人事施策をつくっていきました。

ところが、ある日のこと。社長の藤田に管理職の育成評価制度を提案したところ、「いい提案だとは思うけれど、これじゃあ現場がしらけるでしょ?」と指摘されました。その一言によって、私は自分が「人事のワナ」にはまっていたことに気づかされました。どんなによくできた人事制度でも、運用の仕方によっては現場をしらけさせてしまうのです。この出来事をきっかけに、いまでは私は「すべての人事制度は(社内で)流行らないと意味がない」という考えに立っています。「制度に込めた経営陣の意図を隠さずに社員に示したからといって、その制度が社員に受け入れられなければ意味がない」とも思っています。新しい制度をつくるときは、「現場はしらけないか」ということをいつも考えるのです。

曽山さんの講演はこのあたりから佳境に入っていきます。参加者が話にぐいぐい引き込まれていくのが感じられます。参加者の多くは仕事帰りで参加していますが、疲れて船を漕いでいる人は見受けられません。曽山さんは続けます。

挑戦する風土をもっと強くしたい。けれども、社員が安心して働き続けられる環境もつくらなくてはならない――。そう感じたのは、ある女性社員にヒアリングしたときでした。「サイバーは大好きです。でも、一生働くイメージは湧きません」。そう彼女は言いました。「挑戦と安心」。この矛盾をどう乗り越えようか、と悩んだ私が最終的にたどりついた考えは「両方できるようにしてみたらどうか」というものでした。

矛盾は決してなくならない。だから、矛盾に突き当たったときはセットで向き合う方がいい。人事制度をつくるときのポイントは「〈挑戦と安心〉をセットで考えることだ」という考えに至ったのです。

現在、サイバーエージェントで行われている「挑戦」の制度の代表例は「ジギョつく」という半年に一度行われる新規事業プランコンテストです。これには内定者から経営幹部までが参加でき、優勝者は賞金一〇〇万円を獲得し、その事業の責任者に抜擢されます。

この制度をつくった目的は、社員によいアイデアを出してもらうことそれ自体ではなく、皆がよいアイデアを出し合える組織風土をつくる、ということでした。スタート当初は一〇件ほどの応募しかなかったので、以下のような盛り上げの工夫を施しました。

・オリジナルのポスターやサイトをつくる。
・事前勉強会を開催して、役員や過去の優勝者に話をしてもらう。
・書類審査の不通過者のためにフィードバック勉強会を開く。
・応募者にキャリア面談をする。
・応募者への協力者を募る。

・事前に応募しそうな人を見つけ出し、応募をうながす。
・人事部内で定量・定性両方の目標を設定する。

などの手を打ち、社員が応募しやすい環境を整えました。
この「ジギョつく」を包含するしくみは「CAJJプログラム」と呼んでいます。サイバーエージェント（CA）で、事業（J）をつくるとともに、人材（J）を育成するプログラム、という意味です。優勝者が立ち上げた事業は、事業の成長度合いによってサッカーのJリーグのように「J5からJ1」と昇格していきます。もちろん、業績によっては降格あるいは撤退もあり得ますが、その基準も明文化されています。これにより、社員には新規事業が失敗しても次のチャンスがあることが伝わりました。

「安心」の制度にもさまざまなものを用意しています。その代表例は社員総会です。そこでは、年に一回、社員表彰が行われます。「現場推薦・事業部長推薦・人事推薦」によって選抜され、役員会で選ばれたメンバー一〇人が、「ベスト新人・ベストプレイヤー・ベストスタッフ・ベストマネジャー」などの表彰を受けます。

また、社内の「部活動」を支援する制度もあります。料理部・テニス部・ヨガ部・フットサル部など社内の各部に対して、部員ひとり当たり月額一五〇〇円を支給しています。部活動を通じて、社員が他部署の先輩や後輩との接点や共通項をもてるようになることを目的にして運用されています。

さらに、社員の通勤時間を減らすために「二駅ルール」という家賃補助制度も設けています。オフィスの最寄り駅から二駅以内に住む社員には月額三万円の家賃補助を出し、できるだけオフィスの近くに住むことを奨励しています。これにより、社員は夜遅くまで働いたあとでも、気軽に同僚と飲みに行けるようになり、社員同士の家が近くなることで交流の機会も増えました。

家賃補助制度には、「どこでもルール」というものもあり、満五年働いた社員に対しては、どこに住んでも月額五万円を補助しています。

さて、曽山さんの講演もいよいよ終盤に差しかかります。

サイバーエージェントの最近のキーワードは「競争と協調」です。組織内に「競争」の文化があれば、活躍者が盛り上がることができます。「協調」の文化があれば社員同士はお互いをほめ合い、認め合います。このところ、サイバーエージェントの文化はやや「協調」に傾いていますが、私は「競争と協調」を、バランスをとりながらセットで考えたいと思っています。

人事制度は「つくって終わり」ではありません。制度を社員に評価してもらうためには、つくって浸透させて改善し続ける覚悟が必要です。そして、経営陣に評価してもらうためには、経営陣と一枚岩になる覚悟が欠かせません。経営陣を動かしたければ、徹底的に経営とシンクロし、その期待に応え続けることが一番の近道です。

人事部門としてこれから向き合うべき課題としては、会社の一〇年後をどう構想するか、そのために管理職の育成やグローバル化をどのように進めていくか、社員数の増加にどう対応していくかといったことなどが挙げられます。

「二十一世紀を代表する会社づくり」に向けて、これからも頑張っていきます。

七時四五分、曽山さんのプレゼンは終了し、会場は拍手に包まれました。その後は、一五分間のバータイムとなり、参加者はまたバーカウンターへと向かいました。立食パーティの感覚でほかの参加者と挨拶を交わし、名刺交換をする人も見られました。もう僕たちは指示をしていません。この段階までくると自然とそうなるのです。続いて八時から八時三〇分までは対話の時間です。参加者は近くの席の人同士で曽山さんの講演内容について意見を交わしました。

一方、僕たちはQ＆Aの準備に取り掛かります。参加者の方々が書い

図11　対話

て提出した付箋紙を集め、それらを仕分けて、曽山さんに聞く質問を選び取っていきます。

質問を単に並べるだけではありません。気をつけていることは二つあります。

ひとつは「質問にストーリーをつくる」ことです。展開の起承転結を考えた上で、曽山さんに聞いていく順番を決定します。

二つめは「講師自身の夢や希望、あるいは葛藤を引き出すような質問を混ぜる」ことです。そのようにして講師の人となりが出た回答は、多くの参加者の共感を呼ぶのです。

Q&Aタイム

Q&Aは八時三〇分から二〇分間行いました。曽山さんにもう一度壇上に立ってもらい、僕も横に並んで、選んだ付箋紙を見ながら質問していきます。

中原　ラーニングバーで話されて、どんな印象をもちましたか?

曽山　参加者の方の反応がとてもよくて、楽しめました。皆さん、うなずきながら話を聞いてくださるので、私のテンションも上がりました。

中原　〈人事には経営陣と一枚岩になる覚悟がいる〉というお話がありましたが、具体的には何をしていますか?

曽山　役員たちの話を聞いて、その場では納得できないこともあります。そういうときは、必ず意図を尋ねるようにしています。〈それって、こういう意図ですか?〉と確認し、役員の考えをよく踏まえてから動くようにしています。

中原　曽山さんの直接の部下である人事本部のメンバーには、どのように挑戦してもらい、またどのようにして安心感をもってもらっていますか?

曽山　人事は〈もっとも攻めることを求められない部署〉かもしれません。私たちの場合は、合宿をして、五人一組のグループで〈世界最高の人事〉

図 12　質問タイム

というテーマでプレゼンをしてもらいました。将来の夢を語り合い、それを承認することで、人事部であっても挑戦しようという気持ちになります。実際、合宿の翌日からメンバーの顔つきが変わりました。

中原 人事部のメンバーが一番しらけている場合はどうしたらよいのでしょう?

曽山 人はほめないとしらけの塊になります。私たちは〈ほめほめシート〉というA4判のシートに、自分をほめる文章とほかのメンバーをほめる文章を書き込んで、月例ミーティングで発表してもらいます。強制的に自分とメンバーをほめる機会をつくるのです。

中原 曽山さんの仕事への熱意はどこからきているのですか?

曽山 うーん、それはよくわかりませんが、大学生の頃、社会学を専攻していたことから、いつも〈行為と演技のリンク〉について考えています。基本的に仕事を楽しんではいるのですが、人事のリーダーである自分が楽しそうにしていることはとても重要だと思うので、意識的に楽しそうに振る舞うようにしています。

中原 曽山さんにとっての挑戦とは?

曽山　世界最高レベルの人材育成企業をつくることです。

中原　サイバーエージェントでは、制度のネーミングにも工夫が見られるようですね。

曽山　確かに、ネーミングについては相当考えています。弊社にはかつては人事異動がなかったのですが、新たに人事異動のしくみをつくったとき、それを〈ジョブロ〉と名づけました。仕事で失敗したから外される、といったことではなくて、あくまでもジョブローテーションなのだ、というメッセージを込めたのです。

中原　協調し過ぎて競争が足りない会社に競争のカルチャーを導入するためには、どうしたらよいのでしょうか？

曽山　弊社も最近では協調に傾いてきた、という意識があります。ここでは経営陣に率先して競争をしてもらっています。具体的には〈あした会議〉と名づけ、一年に一度、役員八人が会社の将来につながるような新規事業プランを提案し、そのよしあしをトーナメント制で競い合うのです。結果はすべて社員に公開しますから、役員たちも必死です。上の人間が自ら挑戦していれば、部下たちにも〈もっと攻めろ〉

と言うことができます。競争は厳しいながらも楽しむことが大切だと考え、お祭りらしく盛り上げています。

中原 ありがとうございました。

ラップアップ

以上でこの日のプログラムはほぼ終了です。おしまいに、僕が「ラップアップ（まとめ）」のプレゼンテーションを一〇分間行い、曽山さんの話で印象深かった点を挙げていきました。

ひとつめは、曽山さんが「人事とは〈コミュニケーション・エンジン〉である」と位置づけていたことです。そのことを僕は「よい人事とは〈できる通訳〉である」というふうに解釈しました。

経営陣の意図や現場の声をそのまま伝えるのは「ふつうの通訳」です。

図13　ラップアップ

誤って伝えるのは「ダメな通訳」です。「できる通訳」としてのよい人事は、経営陣の意図を踏まえて、その言葉をわかりやすく現場に伝え、現場の声はその本質を見抜いて経営陣に伝えます。経営陣の信頼を失わず、現場をしらけさせず、立場の異なるステークホルダーを巻き込んで、ネットワークをつくり、物事を達成するのです。

二つめは「〈挑戦と安心〉はセットで考える」という話です。

東京大学の僕の研究チームが過去に行った組織調査によると、挑戦や成果を求める風土の職場ではメンバーの能力向上実感が高く、また、やりたいことをやっても安全であるという心理的安全が確保された職場でのメンバーのそれも同様である、という結果が出ています。一見矛盾するようですが、これらは、人間の本質なのかもしれません。

三つめは、曽山さんたちが人事制度を社内で流行らせるためのしかけや現場のしらけを防ぐ方法を考えていることです。

曽山さんは人事制度を常にバージョンアップさせています。つくって

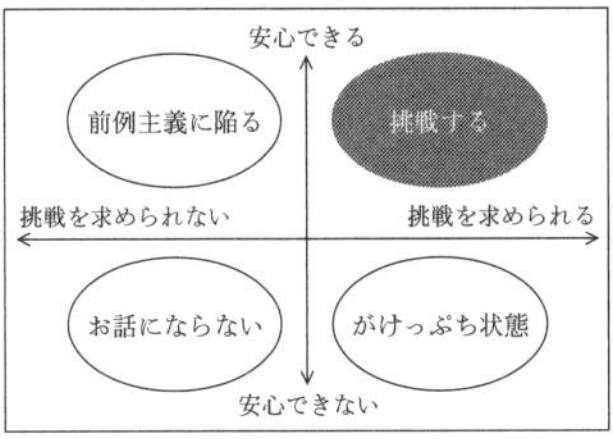

図14　挑戦と安心

終わりではなく、つくってやってみて現場の声を聞いて、改善し続けています。

また、制度には流行りやすいようなしかけが施されており、制度の意図をそのまま出さなくても社員の行動をうながすものとなっています。テレビ番組でもイベントでも演劇でもそうですが、「見て」「来て」と連呼するだけでは人は見てくれませんし、足を運んでくれません。必要なのはPRであり、「見たい、行きたい」と思わせるような演出です。

人事部門にもそうしたPRの知恵が必要なのではないか、という問題提起を感じました。広告業界ではよく「ステーキを売るな、シズルを売れ」と言われます。「シズル（sizzle）感」とは、ステーキがジュージュー焼けるようなおいしそうな感じのことです。そのような「人間の行動を駆り立てる演出」が大事、ということです。人事においてもこうした「シズル感のある制度」が求められているのかもしれません。

そうしたことを言って、話を締めくくりました。

最後に、これもいつものことですが、僕の方からラーニングバーのコンセプトをもう一度説明しました。

ラーニングバーは、「①聞く②考える③対話する④気づく」場だということを改めて伝え、さらに最初のイントロダクションのときには出さなかった、

⑤Barを出て語る
⑥自分もBarをつくる

という項目を強調して映し出しました。

ラーニングバーは、答えを出す場ではありません。参加者には、学んだことをもち帰ってもらい、それについて社内勉強会を開いたり、家族と話したり、ブログに書いたり、ツイッターでつぶやいたり、カフェや飲み会で語ったりしてほしいと思っています。

そして、できれば自分自身でもラーニングバーのような場をつくってほしいと思っています。ラーニングバーは誰もが使える「オープンソース」です。そのノウハウは真似てもらって構いませんし、むしろそのよ

1. 聞く
2. 考える
3. 対話する
4. 気づく
5. Barを出て語る
6. 自分もBarをつくる

ラーニングバーはオープンソースです

図15　締めのスライド

うにして学びの場が次々に広がっていくことこそが僕の願いです。

フィナーレでは、大学院生や学部生からなるすべてのスタッフがステージに上がって挨拶し、多くの拍手を頂きました。

午後九時、ラーニングバーの一日はこうして終わりました。

図 16　フィナーレ

第二章

ラーニングバーの誕生前夜

留学中に思ったこと

この章では、ラーニングバーが誕生するまでのいきさつについて触れたいと思います。

話は二〇〇四年にさかのぼります。舞台は、米国最古の都市であり、学術都市でもあるボストンです。

その年、僕はマサチューセッツ工科大学（MIT）にフルブライト奨学生として留学しました。MITを留学先に選んだ理由はいろいろあるのですが、すぐ近くにハーバード大学もあり「一粒で二度おいしいかな」と感じたこともそのひとつでした。

当時、僕が住んでいたのは、MITとハーバードの中間あたりでした。ケンブリッジ市・セントラルスクエア駅の近くにアパートを借り、同時期に文部科学省からハーバードに留学していた武藤久慶さんとルームシェアをして日々を過ごしていました。アパートから両大学までは徒歩二〇分ぐらいの距離でした。

図17　冬のボストン

世界最高峰の大学であるＭＩＴとハーバードには、世界各国から優秀な学生たちが集まってきます。おかげで、留学生活はとても知的でエキサイティングなものでした。現在、僕が進めている研究の基盤となる知識や経験も、その多くはこの留学時に学んだものです。

留学生活が充実していた理由は、研究環境が充実していたことはもちろんですが、それだけではありませんでした。両大学のキャンパスのあちこちでは、毎日のように参加型のオープンな研究会やイベントが開かれていたのです。

大学のウェブサイトのイベントカレンダーを見れば、面白そうな研究会、フォーラム、セミナーなどのスケジュールがたくさん紹介されており、それらの場には、元大統領、ベンチャー企業の社長、一流アーティスト、作家など、さまざまな人々が参加して、世界最先端の知識を披露し、ほかの参加者たちとディスカッションをしているのです。

実際にそういう会をのぞいてみると、その多くはとてもリラックスした雰囲気に包まれていました。そうかといって、くだけすぎてもおらず

「知的かつ愉しい＝シリアスファン（Serious fan）」な雰囲気が漂っていました。この不思議な雰囲気が僕にはとても印象的でした。また、集まってくる参加者も教員や学生ばかりではありません。夕方からの会には仕事帰りのビジネスパーソンやＮＰＯ関係者、コンサルタントなどが気軽に立ち寄っていました。

そうした会では、ワインなどのアルコールが出ることもありました。もちろん、多少アルコールが入ったからといって泥酔する人などいません。お酒が入って、よりリラックスした雰囲気のなかで真剣なディスカッションが行われているのです。講師から最新の話題について聞いたあと、近くに座っている人とゆったりと情報交換したり、感想を話し合ったり、といったことも自然と行われていました。

僕は、こうした研究会やイベントに出るうちに、そこで交わされる対話の内容もさることながら、場の雰囲気のつくり方や運営の仕方に興味をもつようになり、意識的に多くの会に参加するようになりました。同時期にハーバードに留学していた田口真奈さん（京都大学准教授）らと一緒にいろいろな会に出かけていったのをよく覚えています。知的興奮が得られ、かつ食事が取れて夕食代も浮くので一石二鳥です。

最近では、日本の大学でも、研究・教育とともに、社会貢献が第三の事業と位置づけられ、学内でさまざまなイベントが催されるようになっているようです。けれども、その手のイベントにはまだ堅苦しい雰囲気が漂っており、「えらい先生」が壇上に立って話し、一般の参加者は「ありがたいお話」を拝聴して帰る、といった形式になりがちです。

もちろん、それも貴重な機会であることは間違いないのですが、もう少しインフォーマルに、フレキシブルに、そしてインタラクティブに、多様な人たちが交歓しながら、ともに知恵を生み出していけるような場を大学に創れないものだろうか、それが、大学のひとつの未来像なのではないだろうか……。僕は留学中からそんなふうに考えるようになっていました。

米国の大学にできることが日本の大学にできないわけがない、と僕は信じていました。自分が大学に勤めるようになったら、真っ先にそういうイベントを主催してみたい、と考えはじめたのです。

「働く大人のための学びの場」を

帰国後、縁あって東京大学の教員になった僕が、早速はじめたのが「ラーニングバー」です。自分の研究における中核的な単語が「ラーニング」であり、お酒も提供する「バー」のような場を目指していたことから、そう名づけました。

生まれたばかりのラーニングバーは、今とはだいぶかたちが異なっていました。

参加者は僕と同世代の研究者たちが中心で、参加者の人数も五人から一〇人といったごく少数でした。テーマも「行政と現場をつなぐ教育NPO」などとかなり専門的なもので、今のラーニングバーで扱っているテーマとはだいぶ違っていました。「とりあえずやってみよう」という勢いではじめたので、参加者やテーマについてもあまり深く考えていませんでした。要するに、会のコンセプト自体がまだ定まっていない状態であり、仲間内の研究会として将来かかわりがありそうな新しいテーマ

について みんなで一緒に知識を習得する場だった、と言ったほうがいいかもしれません。

考えてみると、僕は学生の頃から、「ひとりで勉強をしない」という妙な信念をもって研究を続けてきました。寂しがり屋の性格からでしょうか、自分だけで学ぶより、いろいろな人が集まり、いろいろな興味や関心をぶつけ合って一緒に何かに取り組んだほうが、幅広い知識を速く吸収できるし、新しいものが生まれるのではないか、と思っていました。

教育学部の学部生だった頃の僕は、数多くの自主ゼミ（自主研究会）を有志で組織しては、学科の教授にアドバイザーになってもらい、研究会に参加してもらったり、終了後の飲み会のためのカンパを頂いたりしていました（「僕たち、勉強したいんです。協力してください」と言われて断る教授はなかなかいないものです）。大学院生になってからも、あれこれとテーマを決めては仲間を集め、研究会をやるのが好きでした。当時、研究会に参加していた仲間は、現在、いろいろな大学や大学院で教鞭をとっています。

そうした意味では、産声を上げたばかりのラーニングバーは、僕が学生時代からやってきたことの延長だったのでしょう。学生時代からやってきたことを、留学時代の経験が後押しして生まれたのが、「初期ラーニングバー※」だった、ということになるのかもしれません。

しかし、事態には少しずつ変化が訪れます。はからずも、僕はラーニングバーを「自分の研究の方向性を変えていくための手段」のひとつに位置づけることになりました。

ラーニングバーをはじめたちょうどその頃、僕は研究者としての転換期を迎え、ドラスティックに舵を切りはじめていました。

今から十数年前……、僕のアカデミックキャリアのはじまりは「複数の学習者がコミュニケーションしながら学ぶこと、内省することを、いかに支援するか」という研究（協調学習研究）でした。「内省、対話、他者、語り、学習」といったキーワードを盛り込んだ研究にずっと取り組んでいました。

大学院に入ってからは、世はまさに「インターネット革命」という時代だったこともあり、「オンラインで人々が対話しながら学ぶしくみや

※初期ラーニングバーでは、現在のラーニングバーのような空間デザインや料理などが提供されているわけではありませんでした。初期ラーニングバーから現在のかたちへの転換するために、さまざまな智恵や協力をくれたのは、当時大学院生だった、森玲奈さん（東京大学大学院情報学環 特任助教）、平野智紀さん（山内研究室ＯＢ）、牧村真帆さん(山内研究室ＯＢ)らです。彼らのアイデアや示唆なしでは、現在のラーニングバーは存在していません。

しかけ」の研究に取り組みました。

このようなネットを使った協調学習研究※は、九〇年代にはまだ目新しく、学会などで研究発表すれば、すぐに数多くの人が訪れるような研究領域でした。当時の日本では、実際に手を動かしてそうした学習環境をつくる人がいなかったので、完全なる「ブルーオーシャン（競争のない状況）」だったと記憶しています。手前味噌な言い方になるかもしれませんが、引く手あまただった僕は数多くの研究プロジェクトに参加し、数多くの研究論文を執筆していました。

しかし、これら一連の研究をまとめて博士号を取得したあと、僕はふと、このままこの領域を研究し続けていていいのだろうか、と考えはじめました。

というのも、ネットの協調学習の技術は既にとてつもないスピードでコモディティ化しつつあり、「ネット上で対話しながら学ぶ」という現象自体が珍しくなくなる日、つまりは「私たちの日常」になる日は、遠い未来の話ではないように思えたのです。

※今では以前ほど聞かれなくなりましたが、コンピュータによる協調学習支援（Computer Supported Collaborative Learning：CSCL）という研究領域が、当時、注目を浴びていました。
『デジタル教材の教育学』山内祐平（編）／東京大学出版会

今から考えれば、ソーシャルメディアが普及し、人々が縦横無尽にさまざまなかたちでつながり、会話を愉しみ、そして気づきを得るような社会を、僕はぼんやりと予感していたのかもしれません。もし、そのような社会が現実のものになったら、自分は研究者としてどのように生きていけばいいのか、そのようなことを考えはじめました。

どんなにネットワーク上の学習技術に対して先端的な研究が進もうとも、技術がコモディティ化し、誰もがそれを当たり前のように使えるようになるということは、そうした事柄が「研究」から「実務」のフェーズに入ることを意味します。そうなったとき、自分自身で切り開いていける新たな研究領域とは何なのか。その頃、僕の頭をいつも覆っていたのはそうした問題意識でした。

簡単に言えば、当時の僕は僕自身の研究の方向性、つまりは「仕事のあり方」を変えたかったのだと思います。僕自身に「学び直し」「仕切り直し」が必要だった、と言ってもいいかもしれません。過去数年間にわたって行ってきた研究に「区切り」をつけたい、と思うようになりました。今から考えれば、米国留学はそのための貴重な時間を提供してくれたのでしょう。

留学を挟んだ約一年間、僕はいろいろと考え抜きました。そしてようやくたどりついたのが、「働く大人の学びと成長」という新たな研究テーマでした。

実は、このテーマは、大学の学部時代に興味をもっていたテーマのひとつでした。しかし、社会に出たこともない学部生が、いきなり会社組織の内部に入り込み、データを収集し、そこでの学習プロセスについて研究することは難しい、と考えていました。

でも、そのときには僕は既に博士号を取得し、教員として働きはじめていましたので、「今ならできるかもしれない」と思いました。「企業・組織において、人が一人前になっていくプロセスとは何か」「人を一人前にするためにはどのような働きかけが必要なのか」ということについて考察しよう、と心に決めたのです。

教育学という学問は、基本的に幼稚園から大学までの教育現場を研究対象としており、「働く大人の学びと成長」という研究領域はメインストリームではありません。その領域は、生涯学習論や社会教育論、教育社会学の一部で多少カバーされてはいますが、企業内部の学習・熟達がテーマとなると、研究の数は極めて少なくなります。

他方、経営学においては、人の問題は、組織論あるいは組織行動論、人材マネジメント論、人的資源管理論のなかで取り扱われます。しかし、こと「能力開発」となると、やはり研究の数は少なくなります。

つまり「働く大人の学びと成長」という僕がたどりついた領域は、教育学と経営学のあいだの「エアポケット」のような位置にあるのです。

しかし、「新たな研究分野を探求しようと思い立つこと」と「実際に研究を進めること」はまったく違います。経営学者でもなければ、通常の企業における実務経験もない僕には、企業での研究を進めるための手がかりも足がかりもありませんでした。企業にヒアリングを申し込んでみても返事はさっぱりでした。

そこで、僕が考えた戦略が「まずは僕という人間を知ってもらい、相手に貢献する」ということでした。よく実務の世界では「Give & Take」と言われますが、僕のように手がかりも足がかりもない人間がなすべきことは、「Give, Give, Give, Give and Take」なのです。

具体的には二つの戦術を考えました。ひとつは、自分の専門である教育学の知見を企業の人材育成に結びつけた考察をまとめて書籍を出版すること。もうひとつは、帰国後にはじめたラーニングバーを「働く大人の学びと成長をデザインする場」に変え、実務の方々に参加してもらえるようなオープンな場に広げていくことでした。

第一の戦術の書籍のほうは、幸い、信頼のおける共同研究者の仲間たちに恵まれ、『企業内人材育成入門』（共著、ダイヤモンド社）をまとめ、世に問うことができました。この執筆に参加してくれた研究者の方々は、いま、人材開発の各方面で素晴らしい働きをしていらっしゃいます。

第二の戦術のラーニングバーは、二〇〇七年あたりからテーマを「企業で働く人々の学習と成長」に絞り、現在に近いかたちになっていきました。

社会の変化につながりたい

このようにラーニングバーは当初「僕自身の仕事（研究）のあり方を変革するための手段」という側面をもっていました。かつても、そして現在も、ラーニングバーは、僕にとって、自分の仕事（研究）を進める「ドライバ（駆動力）」としての性格を持ち合わせています。しかし、僕は、それだけの理由で、この会を続けているわけではありません。

少し青臭い話になりますが、僕がラーニングバーをやってきたもうひとつの動機は、「対話する場、内省する場を社会にもっと増やしたい」「学びに満ちた社会（Learningful Society）をつくることに自ら貢献したい」ということなのです。

振り返ってみれば、過去一〇年にわたって、僕は「人々が対話し、内省する機会をいかにつくり出すか」「人々の対話や内省を支える学習支援のあり方とはどんなものか」ということについて研究を進めてきました。研究知見の多くは、学術論文のかたちで刊行されていますし、なかには学会などから賞状を頂いたものもあります。しかし、その内容は専門的過ぎて、一般の人々からは非常に遠いところにあります。

こうした自分の仕事と社会との接点について、僕は二十代の頃は何も気にしませんでした。とにかく研究業績を上げることだけに邁進していたのです。しかし、三十歳を超える頃から、自分のやっている「研究」と「社会」の接点について、僕は悩みはじめました。

僕は、いったい、「誰に」「何を」届けたいのだろう？
短い研究生活を通して、僕は、何を為し遂げたと言われたいのだろう？
明日、もし自分の研究がなくなったとしたら、世の中に何か変化が生まれるだろうか？

今でも忘れられない出来事があります。
それはある日の妻との会話でした。僕の妻はテレビのディレクターで、彼女が担当する番組には約一〇〇万人の視聴者がいます。ある日、僕が「論文が学術雑誌に採録されたよ」と告げると、彼女は、無邪気にこう聞き返しました。

「論文って、どのくらいの人に読まれているの？」

僕は、この問いに対して、本当に焦りました（この問いかけをしてくれた妻には心から感謝しています）。僕の論文が採録されたのは数千人規模の学会論文誌ですが、おそらく会員のすべてがそれを読んでいるわけではないことは容易に想像がつきます。真面目な人、僕の研究領域に近い人……、僕の論文を読んでくれそうな人の数を指折り見積もってみると一〇〇人以下なのではないか、と感じました。そして、「その知見が研究者を介して、教育現場で働いている人々に伝わり、その場所の改善・エンパワーメントにつながる可能性」は決して大きくはないことに改めてショックを受けました。それは本当は研究を進めながら「薄々感じていたこと」だったのかもしれません。しかし、それ以来、僕はこの問題を何とか解決したい、と願うようになりました。

ここで誤解を避けるために、いくつか断っておきたいことがあります。

第一に、圧倒的なマスへの情報伝達を目的とする、いわゆる「マスメディア」と、数千人規模の学術専門家コミュニティにおける情報伝達手段である「ジャーナル（論文）」を重ね合わせて考えることは、本来、暴挙でしょう。ここで僕が自ら内省を深めざるを得なかったのは、僕の家族環境というまったくプライベートなコンテキストに起因するものであり、自分を超えてこの議論をあてはめようとする意思はありません。

第二に、僕は論文を書くこと、研究業績を出すことを否定しているわけではありません。それは研究者として必要不可欠の仕事です。学問分野への貢献は研究者として最優先に試みられることでしょう。このことの重要性は強調してもし過ぎることはありません。

第三に、すべての研究がすぐに社会・現場に還元されるべきだとも、僕は思いません。研究には基礎領域から応用領域までさまざまなものがあります。そのなかには、非常に長期的視野に立たなければならないものもあります。研究の価値を、短期的に役に立つかどうかだけで推し量ることはできません。
第四に自分の研究をいかに方向づけるか、そして研究と社会との接点をいかに考えるかは、研究者個々人が考えるべきことです。僕は自分の考えを、ほかの研究者に押しつける気はありません。

ともかく……、幸か不幸か、妻からの問いかけに、僕は少なからずショックを受けました。僕は、自分のなすべきことが、何らかのかたちで「教育現場の改善・エンパワーメント」につながることを願い、その光景を自らの目で見つめたいと考える人間であることを再認識しました。

研究を進めつつ、同時に、教育現場の人々をエンパワーする機会をつくることはできないだろうか。三十歳を超える頃から、そんなことを考えるようになりました※。
過去一〇年、僕は、対話・内省・学習について研究してきました。この研究の知見、ノウハウを足がかりに、人々が学ぶことのできる場を創

※かつて、米国の社会科学学者のマイケル・ギボンズは「モード論」において「モード1」「モード2」というコンセプトを提唱しま

り出すことはできないだろうか。そして、その場を創り出すことを通して、自分の研究や活動に興味をもってくれる人を増やし、社会との接点をつくり出すことはできないだろうか。そして、そうしたプロセスを通して、「学びに満ちた社会」を創造することに、少しでも、なるべく早く寄与することができないだろうか。

かくして、僕は今につながるようなスタイルのラーニングバーを開催するようになったのです。

大学に場をつくる意味

もうひとつ、ここで触れておきたいのは、「大学という場所」の可能性についてです。

ラーニングバーは、既述してきた通り、ハーバードやMITで行われているオープンな研究会やイベントを参考にしてつくっています。これらの場所では、知に親しむ人々が集い、さまざまなかたちでつながり、

した。「モード1」とは科学者共同体の内的論説（学術的関心）によって設定された課題に科学者が取り組み、学問分野（ディシプリン）に固有の方法論によって知識を生み出す状況を言います。その場合、研究成果は学会・学術雑誌という制度化・階層化されたメディアで品質保証され、評価されます。対して、「モード2」とは、実世界の社会・経済文脈・ニーズから設定された課題に対して、研究者のみならず、産業・行政界の多様な人が取り組み、単一のディシプリンを超えた方法論によって知識が生み出されます。僕は「モード1」の価値を認めつつもそこに飽き足らず「モード2」にあこがれ、さらには「モード1」でもなく「モード2」でもない、「何か」を探している旅の途上にいるのかもしれません。

話し合い、新たに巨大な知のうねりを生み出しています。そこに多大なる影響を受けた僕は、大学は人と人とをつなぐ場所になったらいいと思っていますし、本来的にそういう力をもっているとも思っています。

そう考える理由は二つあります。

第一の理由は、大学が大学たる所以に関すること、すなわち、大学が「知の生産現場である」ということです。新たな知を発見するために、世の中でもっともリスクをとり、一見クレイジーにも見えることにチャレンジできるのは、大学という場所の特権です。そして、知に親しみ、新たなものごとを為し遂げようとする人々は、知の生産現場に好んで出かけます。これが第一の理由です。

第二の理由は、大学が少なくとも世間のほかの場所より「中立非武装地帯」に近い、ということです※。

ラーニングバーには、主にビジネスパーソンが集まってきます。参加者同士が周りを見渡したら競合他社だらけ、といったことも起き得るでしょう。けれども、ラーニングバーが大学という場所で開催されている

※厳密には、教育研究の現場が「中立」をなすことはあり得ません。教育とは、第三者が特権的な権力をもちつつ、他者の学習を

限りにおいては、すべての参加者は、（ある程度までは）自社の利害とは関係なく振る舞うことができます。自分が所属している企業や組織からいったん切り離され、ひとりの大人としてその場にいられることで、深く内省したり、ほかの参加者たちと開かれたコミュニケーションをとったりすることができます。大学という場所はその特殊性によって、そこに集まる人々の「心理的安全」の確保に一役買っているのです。

ちなみに、学校教育法においては、大学の目的は、下記のように定められています。

第八三条　大学は、学術の中心として、広く知識を授けるとともに、深く専門の学芸を教授研究し、知的、道徳的及び応用的能力を展開させることを目的とする。

２　大学は、その目的を実現するための教育研究を行い、その成果を広く社会に提供することにより、社会の発展に寄与するものとする。

コントロールする行為です。ゆえに、教育は、どんなに中立を目指そうとも、程度の差こそあれ、「誰か」の便益を代表することになります。また、近年、大学の研究現場を覆っている市場化と私事化の潮流は、これまで大学が担ってきた知の公共性を根幹から揺るがしています。

つまり、大学は教育研究の中心である一方で、その教育研究の成果を広く社会に提供すること、いわゆる社会貢献をそもそもの目的として掲げているのです。

従来から大学は「公開講座」などを実施してきましたが、近年では、「サイエンスカフェ」などを実施したり、対話を重視した「ワールドカフェ」などの場を創ったりすることも増えてきました。東京大学も、そうした「人と人がつながる場」になるべくさまざまな活動に取り組んでいます※。

ラーニングバーは「オープンソース」

話を元に戻しましょう。

ラーニングバーへの参加者は、次第に増えていきました。

「はじめに」で触れたように、現在では定員の四倍もの応募があり、やむを得ず抽選で参加者を選ばせてもらうほどの盛況が続いています。

そのためか、これまで僕に対して「ラーニングバーの手続きを定めて、

※ UTalk：http://utnav.jp/category.php?id=15
東大ワールドカフェ：http://tsii.todai-alumni.jp/twc/

権利を取っておいた方がよいのではないですか」と助言してくださる方もいました。しかしながら、僕にはそんな気はまったくありません。

ラーニングバーに参加した方から、「自分も同じようなことをやってみたいのですが」と聞かれることもよくあります。そういうとき、僕は「どうぞどうぞ。もし参考になるようなノウハウを見つけられた場合には、どんどん使ってくださってかまいません」と言っています。

なぜなら、「教えの技術」や「学びの技術」はオープンソースであるべきだ、というのが僕の信念だからです。

僕の希望は、働く大人が心地よく学習できる場が世の中に増えていくことです。僕ひとりで増やすのはとても無理なので、そういう学びの場が自己増殖していくことを願っています。もちろん、僕は自分のやり方が唯一絶対だ、と言うつもりはまったくありません。

世の中には「○○メソッド」なるものがよくありますが、往々にして、そういうものには厳密な手続きが定められており、そこから逸脱しそうになると、「○○メソッドは、○○さんが定めた通りにやらなくてはならない」とか、「あなたがやっているのは本当の○○メソッドじゃない」

などと批判されたりします。

僕はこの手の議論が好きではありません。教育や学習に唯一無二の方法などないのです。また、教条化、絶対化した教育技術や学習技術がどのような未来をたどるかということについては、戦後教育史における「教育運動」の興隆と消失のプロセスを見れば明らかです。

ですから、本書を参考にして「学びの場づくり」に取り組もうとしている方々に、ここで二つのことをお約束します。

ひとつは、この本をお読みになって読者の方々が得られたインサイトをどんどん使って頂いてかまわない、ということ。そしてもうひとつは、その際には、僕のやり方をそのまま踏襲する必要はまったくない、ということです。

僕のラーニングバーの運営手法は、僕の経験、知識、文脈に深く根づいており、それは多くの方々にとって「圧倒的な特殊」なものであるはずです。ゆえに、それをそのまま適用すればどんな場合でもうまくいく、という類のものではありません。皆さんが、それぞれの立場や状況に合わせて、何かをなすための「素材」や「ヒント」や「たたき台」にしてもらえばよいのだと思います。

むしろ、このテクストを自分なりに解釈することをきっかけにし、僕のやり方を「改善」したり、場合によっては「否定」したりすることから、自分の強みと置かれている状況にあった「場」を生み出してほしいと願います。また、本書がきっかけになって、「学びの場づくり」に関する広範なディスカッション、対話がなされることを願います。


教育技術や学習技術は、オープンに流通し、語られ、消費され、世代継承されていくべきものであると僕は信じています。そして、教育技術や学習技術がオープンソースであるということは、使い手に解釈可能性があり、改変する自由があることを意味します。

したがって、ラーニングバーのノウハウのなかから、「素材」や「ヒント」を得られたと思った方には、それらをそのまま試してみるだけでなく、自分なりに解釈し、改善を加え、合わない部分は棄却し、新たなものを創造してほしいと思います。

ラーニングバーは「スケールアップ（大規模化）」を目指していません。むしろ、そのノウハウが、社会のより多くの人々に解釈され、変化を与えられ、さまざまなかたちで「スケールアウト」していくことを目指しています。

その点を踏まえた上で、ラーニングバーのノウハウを順に説明していくことにしましょう。

第三章

メイキング・オブ・ラーニングバー

当日までになすべきこと

三つの原則

ここからは、ラーニングバーのノウハウをご紹介します。

ここでお話しするノウハウは、あくまで「現在」におけるものです。ラーニングバーはこれまで約三〇回にわたって開催されてきました。そのプロセスにおいて、ここでお話しするノウハウは形成され、また変化し続けてきました。

そうした変化の過程もご紹介したいのですが、それぞれの変化プロセスをすべて述べることは紙幅の関係で難しいので、あくまで現在に絞って話を進めたいと思います。

第一章で、ラーニングバーの実際の様子を再現し、「イントロダクションでは、茶道のもてなしにおける〈用意〉と〈卒意〉の話をする」と述べました。ラーニングバーを構成するにあたって大切なことは、以下の三つの精神です。

①準備を整えて参加者を待つ（支度）
②参加者がくつろげる空間を演出する（しつらえ）
③すべての人がルールを共有する（しかけ）

この「支度・しつらえ・しかけ」も茶道のもてなしを表すときに使われる言葉です。

僕たち主催側は、この場で学びたいという思う人のニーズに合致するように「支度」を整えて参加者を待ちます。会場では、大人が心地よく日常を離れて自ら学びたくなるような「しつらえ」に工夫を凝らし、音楽や飲食を含めた空間演出に気を配ります。そして開講したら、主催側、講師、参加者の三者すべてが、ラーニングバーの「しかけ」を共有しながら、皆で一緒になって学びの場をつくっていきます。もちろん、これら三点は相互に依存し合っているので、厳密に分けて考えることはできません。

以下、ラーニングバーの当日までになすべきことを紹介していきますが、まずはラーニングバーとはどのような学びの場であるのかを考えてみることにしましょう。

ラーニングバーは「カリキュラム」である

ラーニングバーは、学習・教育系イベントの既存カテゴリでは捉えられない学びの場です。ラーニングバーでは、冒頭、講師による講義があるので、一見すると「講演会」のようにも見えます。しかし、その時間は短く抑えられており、対話やネットワーキングが重視されています。

それでは「ワークショップ」かというと、完全にそうでもありません。確かに対話の機会は確保されており、参加者が主体的に参加する程度は高くなりますが、会のテーマは明確に決められており、そこには主催者の意図が明確にデザインされています。さらに、ラーニングバーは、異業種の人たちが知り合う場となっていますが、決して「ネットワーキング」や「異業種交流」そのものを目的としているわけではありません。

ここでは、ラーニングバーの「場」としての特徴を把握するための概念として、「モジュール」と「ブリコラージュ」と「カリキュラム」という三つのコンセプトをご紹介しましょう。

まず、「モジュール」については、ここでは「数十分程度の学習活動」を指すものとお考えください。

正味三時間のラーニングバーは複数のモジュールから成立しています。「ブリコラージュ」とは「多種多様な構成要素を組み合わせて、必要なものをつくり出す行為（器用仕事）」、「カリキュラム」とは「学習者の学習経験の総体」を指し示す概念です。

ひとことで言うなら、ラーニングバーとは、「既存の多種多様な学びの場がもっている学習活動のよいところ（モジュール）を、ブリコラージュしながら、成人の学習のために構成されたカリキュラム」である、ということになります。

たとえば、第一章で紹介した曽山さんの回は、プログラムは下記のようなタイムテーブルで進行します※。

このタイムテーブルを見て皆さんはどのように感じるでしょうか？

プレゼンテーション、ネットワーキング、グループダイアローグなど、

※タイムテーブルの例
① 17:30-18:00　ウェルカムドリンク
② 18:00-18:15　中原によるイントロダクション
③ 18:15-18:45　曽山さんのプレゼン・パート1
④ 18:45-19:15　ゆるゆるネットワーキング（制約のあるネットワーキングの機会）
⑤ 19:15-19:45　曽山さんのプレゼン・パート2
⑥ 19:45-20:00　バータイム（ネットワーキングの機会）
⑦ 20:00-20:30　ダイアローグ
⑧ 20:30-20:50　曽山さんと中原によるQ＆Aタイム
⑨ 20:50-21:00　中原によるラップアップ

いろいろな活動（モジュール）が多種多様に用意されていること、さらには、それらが「これでもかこれでもか」という具合に矢継ぎ早に進行していくことが見てとれるでしょう。

現在のラーニングバーのカリキュラムの源流は、意外なところにあります。それは、米国でつくられたテレビ番組「セサミストリート」です。周知の通り「セサミストリート」は世界でもっとも有名な幼児番組です。そのキャラクターであるクッキーモンスターなどは日本でも人気がありますし、番組はかつてNHKでも放映されていたので、誰でも一度くらいは見たことがあるのではないでしょうか。

セサミストリートの番組構成手法には、「モジュール形式（マガジン方式）」と「形成的評価」と呼ばれるものが採用されています。

モジュール形式とは、すべてのコンテンツが数分単位のモジュールとして開発され、それらのモジュールを縦横無尽に組み合わせて、ひとつの番組を構成することを言います。セサミストリートは、よくできた雑誌（マガジン）のように、読者を飽きさせない多種多様なモジュールか

図18　「セサミストリート」

ラーニングバーに来られた方がよくもらす感想のひとつに、「過ごす時間があっという間に感じられる」というのがありますが、それは、このようにモジュールをブリコラージュしたカリキュラムであることに由来すると思われます。

ら構成された、ブリコラージュの典型なのです。

一方、モジュール内部の構成やモジュール間の配列を決めるのに役立つのが形成的評価という手法です。形成的評価というのは、よい学習の場を創るために、そこで起こっていることを常に評価し、必要があれば改善を加えていく手法のことです。

「セサミストリート」においては、モジュール内部の演出法、たとえば、コンテンツに出てくるキャラクターの上にテロップを重ねるのがよいのか下がよいのか、といったことや、モジュール間の接合・配列を決めるために、この形成的評価、具体的には「ディストラクター法」と呼ばれる手法が採用されました。

まず、子どもたちを複数人集め、彼らの目の前にテレビを置き、それを使って開発したばかりのセサミストリートの番組を映します。テレビの四五度くらい横には、子どもの気を散らすようなもの（＝ディストラクター）となるディズニーのキャラクターなどを置きます。そして、このような条件下で、子どもがどの程度番組に対して注目（注視）するか

セサミストリートの開発・評価研究に関しては、下記をご覧ください。
Shalom M. F. & Rosemarie T. T. (2001) "G" is for growing : Thirty years of research on children and Sesame Street. LEA, MA

形成的評価に関しては、下記がお薦めです。
Barbara. N. F. (1990) Formative Evaluation for Educational Technologies. LEA, MA

形成的評価は、大学の研究者によってなされました。セサミストリートは、世界ではじめてテレビディレクターと教育研究者のマリアージュ（結婚）によって、つまり両者が結びついてつくられた番組だと言われています。

を測定するのです。

番組を映しているのにディストラクターに目が行く場合は、「番組に魅力がない」と判断されます。ひとつの番組は七・五秒単位で約四〇〇に分割され、子どもの注視度がそのつど測定されます。「魅力がない」と判断されたモジュールはすぐに改善が図られます。

このように、学習が進行する場面において、学習者がどのような反応をするかをしっかりモニタリングして、それをもとに学習材を改善する活動が形成的評価です。

ラーニングバーのカリキュラム構成にあたっては、この「モジュール形式」と「形成的評価」という考え方を積極的に取り入れています。

まずラーニングバーのモジュールの一つひとつは、最長でも三〇分に設定してあります。三〇分にしている理由は、ラーニングバーの主たる参加者である勤務後の疲れた大人に、三〇分以上の情報提供をすると負荷を感じることがわかってきたからです。

僕は、ラーニングバーの現場で、講師の様子や参加者の反応などをモニタリングしています。場合によっては、その後のモジュールを変更したり、参加者から集まってくる質問を調整したり、インストラクションを変えたりすることもあります。そのような観察を通して経験的にわかってきたのが、「働く大人が勤務後に集中できる時間は三〇分」ということなのです。これ以上長くすると、参加者からは明らかに疲労感が漂いはじめます。ひとつのモジュールにつき最長三〇分という「尺」が決まったら、あとは、どのような活動を、どのようにブリコラージュするかが問題になります。

当初、まず重視したのは、「多様性」です。「レクチャー（講義）」のあとには「ダイアローグ（対話）」を、体を動かす活動のあとには受動的な活動を、というように緩急をつけてカリキュラムを構成します。次に重視するのは「知識構築性」です。冒頭から最後に至るまで、ひとつのモジュール内における思考が次のモジュール内につながるように活動を配列します。

あるところで「問いかけたこと」に対して、次の部分では「考えるヒント」を提示する、提示された「考えるヒント」に対して、「講演者なりの答え」が提示される、というようにラーニングバーのカリキュラムには「知識構築のシークエンス」が張りめぐらされています。

学習とは、既に学習者がもっている知識と、新しく学習者が獲得した知識が反応し、さらに高次の知識が構築されるプロセスにほかならないのです。学習を引き起こすためには、学習者のもつ知識を想定し、そこにどのような問いかけを投げかけ、何を導き出すのかについて、常にセンシティブになる必要があります。

しかし、もちろん、これらのブリコラージュの原則はあくまで「理論的関心」によって導き出されたものです。実際にそのカリキュラムを試してみると、さまざまな不都合や改善のポイントが見えてきます。そのようなポイントを一つひとつ明らかにして、改善したものが現在のかたちです。

カリキュラムはいったん構成されても「完成」ではありません。この世に学習者がいる限り、それは改善し続けられるべきものです。かくして、常に形成的評価は続き、ラーニングバーのカリキュラムは変化し続けているのです。

内容を決める三つのプロセス

次に「内容」についての精選です。つまり、どのような内容を講師の方々、参加者の方々で議論するのか、それについて決めなければなりません。

ここで確認しておきたいことは、「場を創ることは〈手段〉であって〈目的〉ではない」ということです。「場を創ること」が目的化すると、ある種の「心地よさ」や「自己陶酔」の感情をしかける側にもたらしがちです。しかし、多くの場合、場を創る目的には、参加者の方々の相互作用を通して探求するべき「何か」があるはずです。ゆえに、「内容」に関する準備は、場の成立にとって、もっともクリティカルなもののひとつです。

「内容」を決める際には、「テーマの設定」「講師の選定」「良質の問いかけ（ドライビングクエスチョン※：人が探求に値するような内省や思考を駆き立てる問い）の設定」という三段階のプロセスをきちんと意識

※「ドライビングクエスチョン」とは、探求学習、あるいはプロジェクト学習のコンテキストにおいて、よく用いられる用語です。

することが重要だと考えています。以下、順に説明しましょう。

まず、「テーマの設定」です。テーマを決めるときの基準は、僕のなかでは二つあります。

ひとつめは、そのテーマに「僕自身が興味や関心をもてるか」ということです。僕はラーニングバーを自らの学びの絶好の機会にしています。テーマに関連した論文や書籍を読み込んだ上で、もっとも話を聞きたいと思う人に講師として登壇してもらいます。さらに、いくら僕が興味や関心をひかれても、僕の専門性に合っていないテーマはラーニングバーでは扱いません。僕の専門は、経営・学習・組織といった領域ですから、テーマの範囲は自ずとそのなかに収まります。

二つめは、そのテーマが「みんなの問題」であるかどうかです。

僕は仕事柄、企業に出向いて話を聞いたり、企業の人と共同研究のプロジェクトを進めたりしています。そうやって大学の外に出て、企業の現場の人たちとディスカッションすると、「最近は若手のモチベーションが問題になっていて……」といった話を聞くことがあります。「どう

Krajcik, J. S. and Blumenfeld, P.C. Project-based learning. Sawyer, R. K.(ed.)(2006) The Cambridge Handbook of the Learning Sciences. Cambridge University Press, UK

いうことですか?」と聞き返すと、実務の現場で生まれた生々しいストーリーを語ってくださる方もいます。

そうこうしているうちに、あまり日を置かずに訪ねた別の企業で、また似たような話が話題に上ることがあります。「近頃、若手のやる気が……」などと話し出す方がいたりするのです。そして、また別の企業に出向いたときに、もう一度「若手のモチベーションが……」と言い出す人がいれば、それはもはや「シンクロニシティ（意味のある偶然の一致）」かもしれません。もしかすると、これは「みんなの問題」ではないだろうか、もし、ラーニングバーでこのテーマを扱うとしたらどうするだろうか、と考えます。

ここまでのプロセスを補強する手段として僕が日常的に張っている情報アンテナについてもお話ししておきましょう。

僕はブログやツイッターやフェイスブックなどのソーシャルメディアを駆使して「みんなの問題」を探しています。

ブログは、RSS（ブログの更新情報）をツイッターのタイムラインに流してくれるサービスを使って三〇ほどのものを読むようにしています。登録して読むのは、研究者・実務家を問わず、付加価値のある情報発信をしている人たち、いわば「情報の目利きたち」のブログです。新聞情報やテレビのニュースの内容をそのまま載せるのではなく、その人ならではの経験に基づいた論評・分析や、読んでいてドキッとさせられるような指摘が述べられているものを選んで読むようにしています。

ツイッターは、実名で使っているアカウントとは別のアカウントをもち、常時一〇〇人をフォローしています。ブログの場合と同様に「情報の目利き」のつぶやきを中心に追います。ツイッターに関しては、海外の研究機関、たとえばハーバードやMITやスタンフォードの公式アカウントも積極的にフォローするようにしています。ツイッターは一四〇字という文字制限がありますから、英文がわりあい簡単で、読むのが面倒になることもありません。

ブログの登録フィードやツイッターのフォロー数に制限を設けているのは、それが僕の情報処理能力の限界だからです。

ブログもツイッターも、自分の興味や関心の赴くまま、あれもこれもと追っかけていると、登録フィードの数やフォローする数がどんどん増えていきます。特にツイッターは、放っておけばフォローする数があっという間に千の単位になってしまいます。そうなると、僕の能力では情報処理が間に合わないため、意識的に制約を設けているのです。ときおりチェックして制約数をオーバーしたら、読む頻度が低いものから削除していきます。現在は「情報量を増やすこと」よりも、「情報を選別すること」を戦略的に行えるかどうかが重要になっている、と感じます。

このようにさまざまなソーシャルメディアの情報と、実際に現場を訪れたときのリアルなストーリーがシンクロしたとき、テーマが見えてきます。

「今回は、〇〇というテーマをみんなで考えると面白いはずだ」

かくしてテーマが設定されます。

テーマが見つかったら、次にすることは、何はともあれ勉強です。そのテーマに関する文献を何十冊か読みます。そのことによって、そのテーマにまつわる「見取り図」のようなものが頭のなかにできてきます。次のフェーズである「講師の選定」や「良質の問いかけの設定」には、この「見取り図」が不可欠です。対象領域の内容について理解することなしに、効果的な人選は行えません。まして、参加者の皆さんに深い内省を引き起こすような問いかけをつくることなど期待できません。

このようにしてテーマに関する予備知識を獲得することができたら、次は**「講師の選定」**です。候補はひとりです。「この人の話を絶対に聞きたい、自分がこの人から学びたい」と僕が思う方に登壇してもらいます。幸い、これまでオファーを断られたことはほとんどありませんが、もし、この段階で意中の方から断られたら、僕はその回の開催を断念することでしょう。それほどまでに講師の選定は重要だととらえています。

講師について考えるときには、過去にその方の講演を聴いた方へのヒアリングなども行っています。話す内容だけでなく、プレゼン力があるかどうかについても検討させて頂いています。

依頼の際には、ラーニングバーのコンセプトや全体像を十分理解してもらえるよう、僕のウェブページやラーニングバーの様子を撮った動画のURLも参考資料としてお渡ししています。そして、その回のテーマや僕自身の問題意識もお伝えした上で、どのような話をしてもらいたいのかをしっかり伝えます。

一般的には講師の依頼というと、「○時○○分から○時○○分までの○時間でお願いします」と時間だけ言ってあとはお任せ、というかたちが多いようですが、僕はそういう「丸投げ依頼」は決してしません。

ラーニングバーへの登壇を引き受けてもらったら、講師の方とディスカッションをします。多いときで三回程度、少なくとも一回は直接会ってお話しします。お互いによく知っている方である場合はメールや電話で代用させてもらうこともありますが、基本は実際に会ってお話しするようにしています。

ラーニングバーの講師は、著名な研究者や実務家の方々ばかりです。しかし、僕は「テーマありき」で講師をお願いしているので、どんなにご高名な方でもこの手順を踏みますし、プレゼンの内容についても話し合いのなかで決めてもらっています。

講師の方との話し合いの場で僕が意識的に行っているのが**「良質の問いかけの設定」**、すなわち、参加者の方々の思考を駆き立てるような問いを決めることです。

先ほども述べた通り、ラーニングバーは「テーマ」と「講師」と「問いかけ」を意識してつくっています。講師の方々には、ディスカッションを通して、プレゼンのなかに参加者を揺さぶるような問いかけを入れるようお願いをしています。また僕の方でも、「イントロダクション」や「ラップアップ」のなかで、積極的に参加者に問いかけを入れるようにします。これがラーニングバーの準備のなかでもっとも重要なことです。

「良質な問いかけ」が発信できなければ、「対話」は生まれません。「対話」とは、それぞれ人が「違うこと」「違った意見をもっていること」をいったんの判断を保留して、鑑賞・吟味しあう、抜き差しならない行為です。「対話」なきところに「内省」は生まれません。「対話」と「内省」のないラーニングバーは、ラーニングバーではないのです。

あなたのセミナーはデザインされているか？

このようにラーニングバーには、「カリキュラム」があり、「問いかけ」があります。これらをしっかりとつくり込むこと、デザインすることが、学びの場のクオリティを向上させる上でとても重要だと思っています。ここまでの準備で、全体の準備のうちの半分が終了した、と言っても過言ではありません。

ラーニングバーは、オープンな学びの場であり、参加者の皆さんがどのような知識や専門性をもって来るかをあらかじめ想定することはできません。よって、なおさら、こうした内容に関するデザインを緻密にしておくことが欠かせないのです。

おそらく、ここまでやっても、すべての参加者に、すんなりとカリキュラムの内容やメッセージを共有してもらうことはできないでしょう。ましてやすべての方々に内省や対話を駆動できるわけではありません。人に考えてもらう、対話してもらう、理解してもらうというのは、本来、非常に難しいことなのです。

翻って、世の中の多くのセミナーやフォーラムはどのようにカリキュラムやメッセージを構築しているのでしょうか。「テーマの設定」「講師の選定」「良質な問いかけの設定」に対して、どのように向き合っているのか、興味深いところです。

特に企業教育や人材育成のセミナーやフォーラムの運営には、ある種の「緊張感」が漂うものです。他人に「変われ、学べ」と言いながら、主催側がテーマについて学んでいないセミナーやフォーラムがあれば、それは論理矛盾でしょう。「受講生へのきめ細かい指導」をうたいながら「学習者中心主義」が貫かれていないセミナーがあれば、聴衆は違和感をもつことでしょう。

かつて、僕は『ダイアローグ 対話する組織』（ダイヤモンド社）という本のなかで「教育の言語とは常に再帰的である」と述べました。

あなたは、大人に学べという
あなたは、大人に成長せよという
あなたは、大人に変容せよという

で、そういう「あなた」はどうなのだ？

あなたは学んでいるのか？
あなた自身は成長しようとしているのか？
あなた自身は変わろうとしているのか？

人に対して「学べ、変われ」というメッセージを伝える人は、メッセージを受け取る人からも、「見られていること」に意識的でなくてはなりません。

セミナーやフォーラムで「良質の問いかけ」をつくるためには、主催者側や事務局は講師を下支えするだけでなく、講師と一緒になってその場を創造する、という立ち位置にいる必要があります。セミナーやフォーラムやワークショップの設計とは、「コラボレーション」なのです。「この講師に話をしてもらうことで、自分たちはどんな問いかけを聴衆に投げかけたいのか」「この講師に登壇してもらうことで、自分たちはこの場をどう構成したいのか」といったことを念頭におき、聴衆の学習経験の総体を講師とともにデザインしなくてはなりません。

あなたのセミナー、フォーラムはデザインされていますか？
そして、
あなたに伝えたいメッセージはありますか？
そして、
あなた自身は学んでいますか？

ソーシャルメディアを駆使して参加者を募る

かくして「内容」に関する準備が終わりました。

次に取り組まなければならないのは、いわゆる「集客」です。そして、これが多くの方々にとって悩みの種になることが多いようです。自主勉強会にせよ、イベントにせよ、あるいはワークショップにせよ、そういった場を創りたいと思っている人たちの一番の悩みは、おそらく「どうやって人を集めるか」ということでしょう。

せっかく場を創ったのに人が集まらない、集められない。その理由はいろいろだと思います。会のテーマのエッジが立っていない、プログラムの内容が充実していないなど、場の創り方そのものに起因する理由もあるでしょう。

しかし、人が集まらない最大の理由は、場を創ったという事実が広く告知されていないからではないかと思います。つまり、「内容」に問題があるのではなく、「マーケティング」に問題があるのです。

「ニワトリと卵」のような話になりますが、場の存在が告知され、その場に人が集まってきて、面白いという評判が立てば参加者は増えます。参加者が増え、そこに一定以上の多様性が生まれれば、もっとその場は面白くなり、口コミでまた評判が広がっていきます。

では、僕がどのようにしてラーニングバーを告知して、参加者を集めているかと言えば、その答えは「ソーシャルメディアの駆使」にあります。

活用している主なツールは、「ブログ」「ツイッター」「メールマガジン（メルマガ）」の三つです。これらをブリコラージュして「ソーシャルメディアの情報圏」を構築し、いわゆる「バイラルループ※」を形成しようとしています。バイラルループとは、「ソーシャルメディアを媒介として、情報がいわばウイルスのように伝播していく現象」です。その形成のためには、各メディアの特性に対する理解が欠かせません。

以下、ブログ、ツイッター、メルマガなどのソーシャルメディアの僕なりの使い方について説明しましょう。

※『バイラル・ループ――あっという間の急成長にはワケがある』アダム・ペネンバーグ（著）・中山宥（訳）／講談社

ブログは、もっとも多数の人々によって閲覧可能なメディアです。僕の場合は一週間に一、二回の更新頻度で、比較的長い文章を書くときなどに使っています。といっても、僕がウェブ上で日記を書くのは一二年前から続けてきたことであり、ラーニングバーのためにあえてはじめたわけではありません。僕にとってブログとは非常に便利な「外部記憶装置」なのです。

たとえば、僕のブログ内※で「経験学習」という言葉をキーワードに検索をかけると、ここ十何年で「経験学習」について僕が書いたすべての文章が瞬時に出てきます。悲しいかな、僕の脳は日々老化していますがコンピュータは違います。必要な情報を瞬時に探し出してくれます。僕のブログを一番よく検索しているのは、間違いなく僕自身でしょう。

ちなみに、ブログ開設にあたっては、コメントやトラックバックなどの機能は使っていません。ブログは不特定多数に閲覧可能なメディアであるがゆえに、そのもとにバイラルループを形成するのはあまり得策ではない、と僕個人が考えているからです。

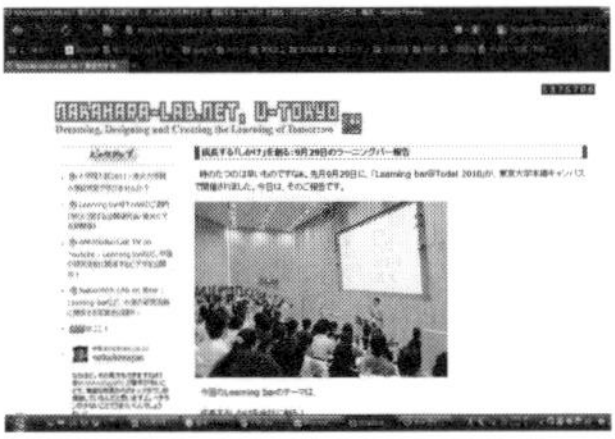

※図19　NAKAHARA-LAB.NET（ブログ）

ツイッターは、個人名を公表して使っている人の多いソーシャルメディアであり、悪意のある書き込みやトラブルに遭遇する可能性はブログより低いように感じます。さらに、現状で利用しているのは三十歳以上のビジネスパーソンが多いので、ここで広報すれば情報感度の高い企業人に届く可能性が高いと思います。

また、ツイッターは、これまで僕の活動を知らなかった方が新規でフォローしてくれることも多いので、自らの情報圏を広げるのにも役立ちます。加えて、ツイッターは、いまやブログやメルマガなどほかのメディアに読者を誘導するための有力メディアとしても利用できます。ブログを更新したときに、ツイッターでつぶやけば、一気にブログの閲覧数が上がります。

さらには、ラーニングバーの現場で参加者にツイッターを使ってもらうと、「バックチャネル（講師のプレゼンの最中に、それに対するコメントやメモなどを参加者が実況中継する行為）」や、「アフターフォロー（思ったことなどを終了後につぶやく、いわゆるリフレクションのような使い方）」に用いることもできます。

さらに、ツイッターのもっとも高度な利用方法は、いわゆる「参加型デザイン（Paticipatory design）」の手段としてのものでしょう。参加型デザインとは、一般には「何かをデザインしていくプロセスに、エンドユーザーに参加してもらい、エンドユーザーのニーズ・活動・コンテキストに合致したプロダクトをつくり上げること」を指します。

たとえば、イベントを企画する様子をツイッターで事前につぶやきつつフィードバックをもらうことで、イベントを参加者と同時につくり上げていくことができるでしょう。これはラーニングバーの事例ではないですが、イベントのロゴデザイン・プログラム案などを、ソーシャルメディア上で提示し、参加者となる方々からフィードバックやコメントをもらいながら企画を練り上げる、といったことも行っています※。

このように、ツイッターにはよいところが多々ありますが、ネガティブな側面もないわけではありません。

第一に、ユーザー層の偏りです。おそらく、三十代から五十代のビジネスパーソンがメインユーザーであると想定されるため、参加者の多様性を確保するための広報メディアには向いていません。

※元東大大学院生の牧村真帆さん、平野智紀さんのほか、研究室のメンバーらと一緒にPARTYstream（http://partystream.jp/）というイベントをデザインしました。ここでは、ツイッターとUST中継を用いて企画会議を公開し、そこに参加者を巻き込んでフィードバックを得ながら、ソーシャルイベントをデザインしています。

第二に、ツイッターはインタラクティブなメディアであり、それが効果的に用いられた場合には効果的なバイラルコミュニケーションを実現しますが、それはリスクにもなります。何らかの悪評が立ってしまった場合にそれをコントロールすることはほぼ不可能でしょう。

最後に紹介するメルマガは、メールアドレスという個人情報を取得できるという特性をもっています。したがって、読者からすればもっとも敷居が高いメディアでしょう。それにもかかわらず、個人情報を入れて登録してくれた方というのは非常に能動的なはずなので、ラーニングバーに関する詳細な情報は必ずメルマガから出すようにしています。

ブログ、ツイッター、メルマガ以外で僕が活用しているソーシャルメディアとしては、「ユーチューブ(You Tube)」や「フリッカー(Flickr)」などがあります。

ユーチューブには「NAKAHARA-LAB TV（中原研究室テレビ）※」というチャンネルを開設し、「ラーニングバーへようこそ!」という約三分の動画を投稿し、そこには僕自身も出演しています。フリッカーにも、ラーニングバーの写真を多数掲載してあります※。

画像や動画は、はじめてラーニングバーに参加する方々に場の雰囲気を知ってもらうためにとても便利です。最大の利点は、アップロードされている画像や動画を、第三者がブログを執筆するときにその記事内に埋め込めることです。この特性が、バイラルループの形成を加速させる可能性をもっています。

マーケティングの世界では「他者といかに容易に話題を共有することができるか」を指し示す概念として「トーカビリティ（Talkability）」という言葉が注目されています。これらの埋め込み可能なソーシャルメディア上の画像や動画は、人々がブログやツイッター上で発言する際のきっかけとして利用され、トーカビリティを向上させる可能性をもっています。もちろん、トーカビリティを向上させるためには、「たき火に薪を次々とくべ続ける」ように、少しずつ、息の長い活動をしなくてはなりません。動画をつくり、写真を日々アップロードし……、まさに「た

※図20　NAKAHARA-LAB TV on YouTube

※図21　NAKAHARA-LAB on Flickr

き火」の火が消えてしまわぬように、日々活動を続けるのです。

こうしたソーシャルメディア上にアーカイブされた画像や動画は、講師に登壇の依頼をするときにも重宝します。講演をはじめて依頼される講師にとってみれば、どのような客層が来て、どのような雰囲気で運営されている場なのかは非常に気になるものです。そのため、講師に依頼文をメールで送る際には必ずユーチューブやフリッカーのＵＲＬを添えておきます。

このようにユーチューブやフリッカーは、とても便利なメディアですが、画像や動画を公開するためには、参加者の肖像権の問題をクリアしておく必要もあります。ラーニングバーでは、毎回、参加者を募る際に出すメルマガの文章のなかに、「会の様子を写真や動画にして配信する場合があることや、僕が広報手段・講演資料・書籍などに用いたり、マスメディアの取材に対して提供したりする場合があること、参加者はこれらを了承して頂ける人に限ること」と明記しています。

さまざまなソーシャルメディアを駆使して、自分たちの場に興味をもってくれる人たちを増やしていくこと、そして、バイラルループを形成していくことは、これからの場づくりにおいてますます大事になっていくと感じられます。

もちろん、昨今のメディア環境は日々激変しています。現時点で僕が使っているのは以上のようなメディアですが、それは恒久的にそうだというわけでもありません。必ずメディア環境は、遠くない将来に変化するでしょう。移ろいゆく情報圏の変化に敏感になる必要があるのです。

「多様性を目指した抽選」を行う

メルマガで参加募集をかけると、続々と参加希望者からの申し込みが寄せられます。これまで、参加希望者の増加にともなって、何度か会場を変えて対応してきましたが、現在の福武ラーニングシアターでは定員二〇〇人が限界です。また、主催側が限られた人的リソースで運営していることもあり、参加者を抽選で決めています。

現在、参加希望者にはウェブ申し込みフォームに性別や業種などの属性情報を入力・送信してもらった上で、コンピュータ上で抽選を行っています。その際、こちらで若干の調整を施します。調整は以下のような優先順位づけで実施します。

ひとつめは、はじめての参加者を一定数確保することです。そうすることで、毎回、初参加の人が全体の六〜七割程度を占めるようになっています。

二つめは、男女比をできるだけ五対五に近づけることです。といっても、いつも男性の希望者の方が多いため、実際の男女比は六対四ぐらいになります。

三つめは、業種のバランスをとることです。これは通常のセミナーよりかなり意識して行っていると思います。

申し込みフォームの業種欄には、①研究者、②学生、③民間教育会社勤務、④民間コンサルティング会社勤務、⑤事業会社勤務（人事・教育部門）、⑥事業会社勤務（事業部門）、⑦個人事業主（教育・コンサル）、⑧経営者、⑨初等・中等教育の学校勤務、⑩公務員・公益法人勤務、⑪

その他

という一一のカテゴリーを設定しておき、参加希望者にチェックを入れてもらって、参加希望者の多い業種からは少なめに、参加希望者の少ない業種からは多めに当選者が出るように調整しています。

四つめは、以上の三つの調整をして参加者の多様性を確保したうえで、僕自身がこの会にどうしても参加して頂きたいと思う方を招待することです。いくつかの教育プログラムや講演などでご一緒した、志ある人材開発担当者、経営者、医療関係者の方々を特別枠でお招きしています。

場づくりにおいて、参加者の固定化は大きな懸念材料です。リピーターが多いのはありがたいことですが、新規の参加者が少ない状態が続くと、やがてその場はサロン化し、衰退の道をたどります。

参加者の業種が固定的な場合も問題があります。ラーニングバーはその性格上、民間教育会社勤務の方たちや事業会社の人事・教育部門の方たちの参加希望が多く、それは当然のことでもあるのですが、そういう方々ばかりの集まりになってしまうと有意義な対話が生まれにくくなります。

対話とは「違い」を楽しむ行為なのです。均一で多様性のない集団内の会話からは、違いを感じることが難しくなってきます。ですから、人材育成に関係する職業の人の参加はあえて抑えているのです。

最近、ラーニングバーには学生の参加者がポツポツと見られるようになりました。学生は一一のカテゴリーのなかでは少数派であるため、当選しやすい状況になっています。働く大人と学生がフラットな関係で議論できる場はあまりないので、これはいいことだと思っています。

会場の空間デザイン

当日までの準備のうち、最後の仕事は、当日の会場の空間デザインを決め、各種の発注を行うことです。

現在、ラーニングバーの空間デザインは、中原研究室の大学院生のうちクリエイティブ・ディレクターを担当した人が、その回の講師のプレゼン内容や季節などを勘案して決めています。その際、新規に必要となった物品は購入しますが、前に使ったことがあるものを再利用することもあります。

二〇一〇年二月に、リクルートエージェントの中村繁さんにお越し頂き、社内コミュニケーションの活性化施策「ちゑや」を紹介頂いたときは、施策の名称が和風だったこともあって、入り口には「緑色ののれん」を取りつけました。のれんは、「ちゑや」さんからお借りしたものです。

茶の湯の世界では、主人の属する「茶の世界」と、客がやってきた「俗の世界」をつなぐものとして、「路地」があります。そこは、両者の異なる世界を隔てる「結界」のようなものだと言われています。ラーニングバーにおいても、入り口に「大きなのれん」をかかげ、そこから次第に視界が開けるよう空間配置に気を配りました。のれんをくぐり抜けてきた向こうには、異質な光景が広がるようにとデザインを施したのです。会場全体は、茶店のように見せる演出を施し、赤い和傘をレンタルしました。僕やスタッフは揃いの緑のはっぴを着て雰囲気を出しました。

このように空間デザインをする理由はいくつかあります。

まず、この場が「日常とは切り離された、楽しくて安心な場所」であることをわかりやすく伝えるためです。会社で業務・業績に追われている方々に、まずはホッと一息ついてもらう。そのうえで、安心してほかの参加者たちとコミュニケーションをとってもらう。このようなやや過剰なほどの空間デザインは、そのための「舞台装置」なのです。

また、大人が学ぶための「レディネス（準備）」を確保するためには、「楽しさ」が必要だと思っていることも、空間デザインをする理由のひとつです。このように場を創り込むことで、参加者の気分を盛り上げ、わくわくしてもらいたいのです。日本におけるワークショップ実践家の第一人者でもあり、世界的に有名な研究者のひとりでもある上田信行さん（同志社女子大学教授）は「楽しく学ぶのではない。楽しさのなかに学びがあふれている」という名言を残しています。

一般に「楽しさ」は「学ぶこと」の対極に置かれます。学びといえば、いわゆる「受験勉強」などの苦痛を思い浮かべる方が圧倒的多数でしょう。ラーニングバーでは、「学ぶこと」と「楽しさ」を対極に存在する

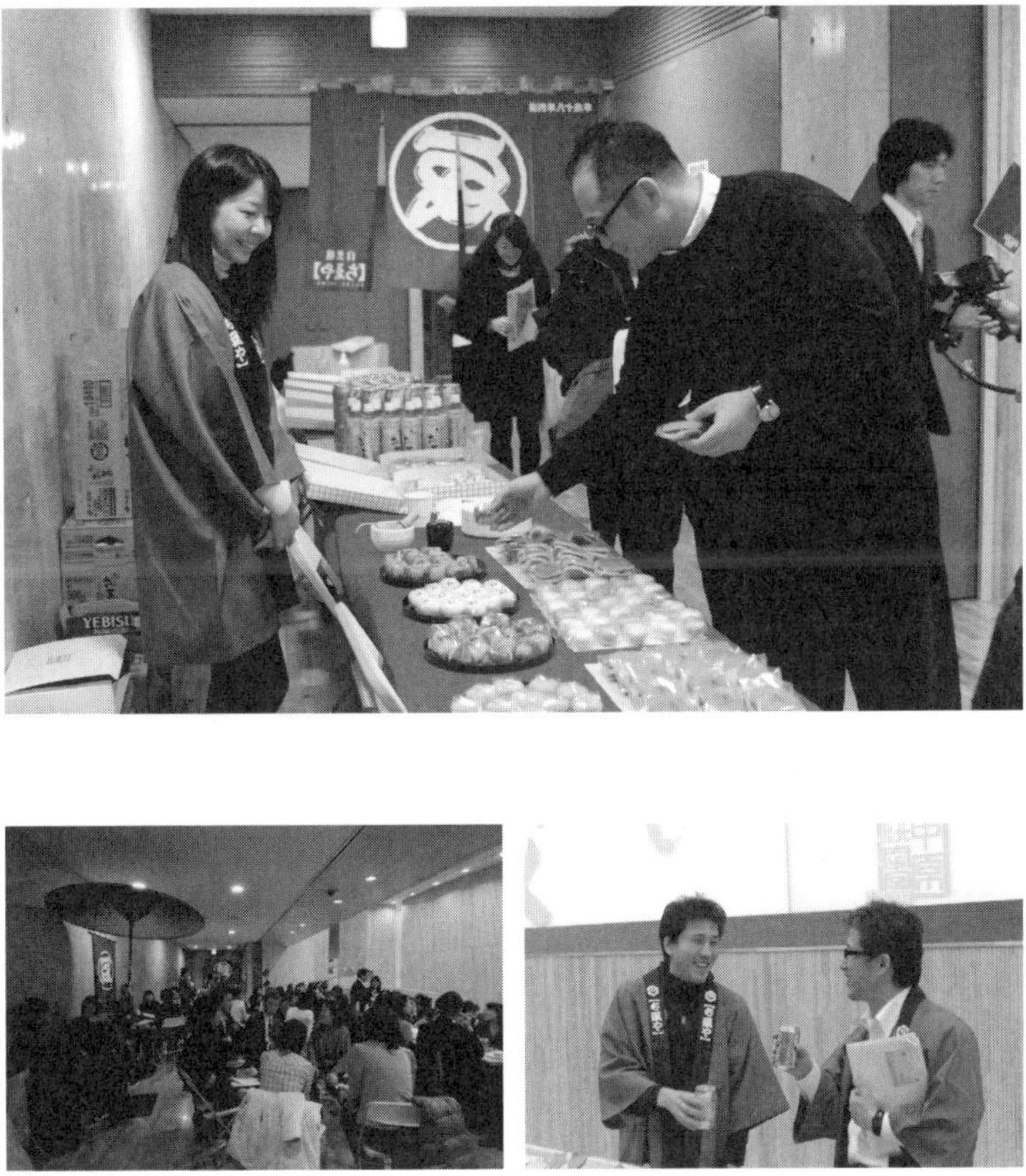

図22　空間デザイン

ものとは考えません。むしろ、それらを重ね合わせることに注力しています。

空間デザインに必要な物品以外で大きな発注となるのは料理です。ラーニングバーでは、大人が学ぶためのレディネスをつくるための要素として、料理も重視しています。研修や勉強会では、「食べること・飲むこと」を「学ぶこと」のあとにもってくることが大半です。ラーニングバーでは、あえてそれを最初にもってきています。なぜなら、「ともに食べること・飲むこと」、つまり「共食の経験」は、「学ぶこと」のレディネス確保に効果的だからです。

「食べること・飲むこと」は誰にでもできます。さらには、そこでの食べものや飲みものに何らかの工夫が凝らしてあったとしたら、そのこと自体が、場に参加する人たちのちょっとした話題になります。つまり「トーカビリティ」が高くなるのです。その日会ったばかりで、たまたま隣り合って座った人たち同士に対話をしてもらうためには、そういった話題づくりをして、心理的障壁を下げることも必要なのです。

それに、何と言っても、働く大人はお腹が空いているものです。参加者は仕事を終えて、地下鉄に飛び乗ってやって来て（人によっては遅刻しないように走って）、会場にたどりついた頃には疲れ切っています。だから、先にお腹にものを入れてから学んでもらったほうが、学習効率が上がるはずだと思っています。

料理にもその日のコンセプトを反映させることがあります。場合によってはプロのフードスタイリストの方にお願いすることも少なくありません。

二〇〇九年七月に開催したラーニングバーでは、前出の舘野さん（中原研究室）や牧村真帆さん（山内研究室修了）、安斎勇樹さん（山内研究室）たちがディレクションを担当し、プロのフードスタイリストのたかはしよしこ※さんにお料理をお願いしました。たかはしさんは、「すぐにみんなが仲良くなるための料理」として、みんなでご飯をとり分け、さまざまな味を楽しめる手巻き寿司をつくってくださいました。このようにプロの手を借りれば、料理によってさらに洗練された場を創ることもでき

※たかはしよしこ
http://takahashiyoshiko.com/

ます。実際、僕が行う講演やワークショップは、フードスタイリストさ
んと一緒につくり上げることが多くなってきています。
空間や料理の工夫は、「アイスブレイクの必要のない場」を創ること
にもつながるようです。

研修やセミナーなどでは、最初に受講者の緊張をほぐすため、教育内
容とは関係のない小さなワークが実践されます。たいていは教授者（講
師など）が「さあ、皆さん、アイスブレイクをしましょう」と声をかけ、
その指導にしたがってワークが進行します。

僕はこの「アイスブレイク」という言葉にどうも引っかかるものを感
じてしまうのです。よくデザインされている場であれば、アイスブレイ
クは必要ない、と思うからです。そういう場では、わざわざテーマと関
係ない小さなワークをやらなくても、「アイス＝参加者間に存在する壁」
は自然と消失してしまうように環境がデザインされています。

正しく言えば、アイスブレイクが必要ないのではなく、知らず知らず
のうちにアイスブレイクされてしまうのです。比喩的に言えば、「既に

生じているアイスをブレイクする」のではなく、「アイスが自然に溶けてしまっている状態を目指す」というわけです。

僕が考えるに、「アイスを自然に溶かす」ために効果を発揮しているものは、ここで述べたような空間、食べもの・飲みものなどです。受付を済ませたら、すぐに飲食ができるようになっていて、しかもちょっと珍しい食べものや飲みものが用意されている。会場内には随所に装飾が施されており、その場にいるだけでなぜかリラックスできる。そうなるようにさまざまなディテールを工夫しているのです。

空間デザインの三つの心構え

会場の空間デザインをするにあたり、気をつけるべき点が三つあります。

ひとつめは、支度をする側、すなわち学びの場をデザインする側が、「学習者中心主義（Learner-centeredness）の信念」をもつことです。

学習者中心とは「学習環境をデザインするときに、学習者がそれまでにもっている知識・技能・行動スタイルを最重要視すること」を言います。運営をする側の都合や、教授者の都合を優先するのではなく、徹底的に学習者に立場に立ったデザインを行っていく。彼ら彼女らが抱えるさまざまな心理的障壁を徐々に解きほぐし、学びに向けて背中を押してあげることが大切です。

しかし、なかには、こうした支度やもてなしそのものに過剰な魅力を感じてしまう人がいます。ディテールの工夫が自己目的化し、文字通りの「場づくり」に心を奪われ、自ら酔ってしまうのです。そうした場合には、学習者の存在が忘れられがちなので注意が必要です。「学習者中心の姿勢を貫く」ということは、学習者に十分なレディネスがある場合は凝った工夫は必要ないことを意味します。学習者をしっかり見つめることが重要です。

二つめは、「主催者がみんなで楽しんでやる」ことです。みんなが楽しんでやっているかどうかは、不思議なもので学習者にすぐに伝わります。やっている側がいやいやで、やらされ感が漂っている場ほど学習者にとって居心地の悪いところはありません。「やらされ感」は、意図しようとしまいとにかかわらず、すぐに学習者に伝わってしまうものです。

三つめは、**「形成的評価を忘れない」**ことです。学びの場に完璧なディテールはありません。工夫してつくり込んだものであっても、学習者のほんのちょっとした振る舞いによって、主催者側の意図とはまったく違う効果を生み出してしまうこともあります。だからこそ、現在進行形で起きている学習を常に観察し、必要に応じてデザインをつくりかえていくことが重要です。学びとは、常に、「状況に埋め込まれている（in situ.)」ものなのです。

ラーニングバーは、このような三つの心構えを支度する側がもって開催しています。こういう話を聞くと、参加者のなかには、ラーニングバーを「創り込み過ぎている場」だと認識する方もいるかもしれません。それは一面では真実であり、否定はしません。ラーニングバーは、それを

「エッジの効いた、クリエィティブで、コンセプチュアルな学びの場」を実現したいのであれば（少しアイロニカルですが）、それを支える「堅実で計画的なオペレーション」が重要です。しかし、その一方で、完成度の高い「堅実で計画的なオペレーション」が、必ず「エッジの効いた、コンセプチュアルな学びの場」を生み出すわけでないことも、また事実です。

構成するさまざまな要素が、「学習者中心主義」という「シングルマインデッド（Single minded：単一のコンセプト）」の理念のもとで、学習経験を参加者に提供するべく、徹底的にデザインされています※。

かのごとく「創り込むこと」には、いくつかの理由があります。

第一に「創り込んでいる」からこそ、いざというときに「崩す」ことができるのです。しっかりとしたコアのコンセプトがないままに、参加者の状況に合わせて即興的に場を構成しようと思っても、経験上なかなかうまくいきません。

第二に、いくら「創り込んで」いても、その意図は学習者には思った以上に伝わらないものです。これにはファシリテーターである僕の力量不足の問題でもありますが、人間の理解というものは、そういうものであるとも思っています。だからこそ、ラーニングバーは「徹底的にデザインされた場」なのです。

※もちろん、ここまで「創り込まず」に、その場の成り行きにまかせた学習環境を準備する、「非構成型の学習環境デザイン」というものも存在するかもしれません。しかし、それが効果的な場になるためには、ファシリテーターの側にも、たぐいまれなる専門知識やスキルが必要であることを認識しておくことが重要です。

「カリキュラムの準備不足やファシリテーターの力量不足ゆえに、場当たり的に場の構成を見直さざるを得ない状況」と「経験あるファシリテーターが、あえて意図的に場を非構成にデザインすること」は、混同してはいけないと思います。

第四章
メイキング・オブ・ラーニングバー
開催日当日

前章では、ラーニングバーの当日までの準備について書いてきました。続く本章では、ラーニングバー当日のノウハウについてご紹介します。

BGMを流す

ラーニングバー当日、僕がもっとも忙しいのは、開場から開講までの間です。五時三〇分に開場すると、受付を済ませた参加者が会場にどっと入ってきます。ここから開講までの三〇分間は、ウェルカムドリンクの時間です。参加者の皆さんには、食べものや飲みものを楽しんでもらいながら、近くの方と名刺交換・自己紹介をして頂きます。

この時間、僕が気を配っているのはBGMの音量調節です。前にも述べたように、音楽もまた学習の「レディネス（準備）」を高めるためのメディアだからです。

参加者が入ってきたばかりで、まだ会場が静かなあいだはBGMのボリュームはやや上げ気味にしてあります。人は静かな空間では恥ずかしがってあまり話そうとしないため、わざと少しだけ音量を大きくするのです。すると、参加者は自ずとちょっと大きめの声で話し出します。そこでさらに音量を上げると参加者の声はますます大きくなり、会場はざわめきはじめます。ただし、そのままだと参加者がうるさく感じはじめるため、そうなる手前ぐらいで今度はボリュームを少し落とします。

ラーニングバーの開講前、僕がAV卓で何か操作しているのに気づいた方がいるかもしれませんが、それはこうした音量調整をしているのです。

BGMにもっともよく使っているのは、「Sotte Bosse」というグループの曲です。いまや彼らの曲は、ラーニングバーのテーマミュージックのようになっています。彼らの作品は、その大半が有名なJポップのカフェ系ボサノバアレンジです。そうしたディテールに変化のある曲を流すことで、ラーニングバーでは、「日常」と切り離した雰囲気をつくろうとしています。メロディには馴染みがあり、けれども曲調が原曲とはちょっと違うBGMは、参加者のあいだで「この曲、聞いたことがあるけど、アレンジが違うね」といった話題になる可能性があります。

こうした演出を僕は「サプライズのある共体験」と呼んでいます。どの程度の効果があるのか正確にはわかりませんが、「場を温めること」「心理的な安心感を高めること」に一役買っているのではないかと思っています。

自己紹介をうながす

こうして、だんだんと場がほぐれてきたら、次はマイクを使って参加者に「周囲の人たちと名刺交換をし、自己紹介をしてください」とアナウンスします。その回数は一度ないしは二度でしょうか。

わざわざ「名刺交換を」とお願いするのは、日本人は「自己紹介してください」と言うだけでは、なかなかしてくれないからです。

既に見てきた通り、ラーニングバーはプログラムのなかに対話の時間を設けています。そのため、主催者としては、参加者の皆さんにできるだけ早めに打ち解けてほしいと思っています。しかし、こちらでいくら

図23　自己紹介

「〈自己紹介〉をしてください」とアナウンスしても、恥ずかしがる方もいます。しかも、参加者の六、七割ははじめてこの場に来た人たちであり、そういう方々はラーニングバーのルールにも不慣れです。それに気づいたあるときから「〈名刺交換〉をお願いします」とお願いするようにしたところ、ビジネスパーソンの反射的動作なのか、あちらこちらですぐに名刺交換がはじまるようになりました。そうすると、スムーズな流れで自己紹介にも入りやすいようです。

自分がロールモデルになる

あちこちで名刺交換が行われているあいだ、僕はうろうろと会場を歩き回っています。通常のセミナーやフォーラムなどの場では、こうした時間には主催者は別室に控えて、講師と最後の打ち合わせなどをしているのでしょうが、ラーニングバーにおける僕はそうではありません。

缶ビールを飲みながら、わざとちょっと大きめの声を出して、知り合いの参加者に挨拶したり話しかけたりします。あるいは、僕とは知り合いだけれども、お互いには知らない参加者同士を結びつけて会話をうながします。この時間の僕の役割は「ロールモデル」であり「コネクター（人と人を接続する人）」です。「この場ではどう振る舞うか」をお手本として示し、お互いに気の合いそうな方々をコネクトして、「みんなが話し合っている状態」をなるべく早くつくります。

ラーニングバーにはじめていらした参加者は「自分はこの場でどう振る舞えばいいのだろうか」と考えています。その際、情報源となるのは、既にその場にいる人たちの振る舞い方です。だから、僕は自分がロールモデルとなってこの場での振る舞い方を伝え、さらに人々をコネクトして参加者が歓談し合う状態をつくり、会場の雰囲気をつくるのです。

これがある程度達成されれば、あとは放っておいてもどんどん名刺交換と自己紹介がはじまります。そうなったら、僕は静かに自分の役割を「フェーディング（おしまい）」にするのです。

ルールと枠組みを設定する

第一章で書いたとおり、定刻になると、僕は壇上に立って、「イントロダクション」をします。ラーニングバーは「①聞く②考える③対話する④気づく」ための場であることを参加者に伝え、「用意」と「卒意」について話し、参加者に知の消費者になるのではなく、場の創り手のひとりになってほしい、と呼びかけます。

自由闊達な議論や対話を行いたいのであれば、学習者を「過剰な自由」に投げ込まないことです。やや逆説的ではありますが、しっかりとしたルールと制約を設定することが、逆に「自由な対話」「自由な議論」を促進するのです。

続いて、これから出てくる話題についての「全体的な枠組み※」や「予備的な情報」をあらかじめ参加者に提示します。「なぜ、このテーマについてみんなで学ぶのか」について十分説明するのです。「学びのコン

※これから理解しようとする物事の全体像（枠組み）をあらかじめ学習者がもっているかどうかは非常に重要であり、これをもっていれば、学習内容は有意味なものとして理解される可能性が高くなります。このように、これから記憶しようとするものの全体像（枠組み）のことを「先行オーガナイザー」と言います。

テクスト」をはじめに参加者に理解してもらい、続いて起こる学習に備えてもらうのです。

通常のセミナーやフォーラムでは、最初に講師の肩書きや学歴、経歴などが長々と紹介され、場合によっては、講師本人が壇上に上がるまでに数分かかかります。けれども、講師が話す内容についての全体的な枠組みや予備的な情報は、必ずしも十分に提示されていません。

ラーニングバーは、その逆です。

イントロダクションでの講師の肩書きや経歴紹介はごくごく手短に済ませます。時間にすれば一〇秒程度でしょう。その代わり、参加者に対するコンテクストの事前説明は怠りません。これから講師が話す内容にかかわる情報の枠組みを学習者につかんでおいてもらうことが、その後の学習者の理解度を決定づけるからです。

聞いたものとはシェアするためのもの

ラーニングバーで登壇して頂いた講師は、どの方も参加者を巧みにひきつけてお話しになります。

たとえば、神戸大学大学院の金井壽宏教授は、縦横無尽に会場を歩き回り、「組織理念の共有」についてのダイナミックなプレゼンテーションをしてくださいました（二〇〇九年一二月）。フリービット株式会社で戦略人事にたずさわる酒井穣さんは、二〇〇人を超える参加者を前に、ケースメソッドを実現し、インタラクティブで見事な授業をしてくださいました（二〇一〇年五月）。

ラーニングバーでは、講師のプレゼンテーションは三〇分でひと区切りとしています。前述の曽山さんの回のように二部構成にしても計一時間ですから、講師の方々がふだんやっている講演と比べたらずいぶん短いでしょうし、もう少し長くお話しになりたい方もいるかと思います。主催者としても、「もっと聞きたい」と思うこともありますが、ここは涙をのんで抑えています。

その理由は、ひとつには前に述べたように、勤務後の疲れた大人は

図 24　インタラクティブな講義

図 25　酒井氏

図 26　金井氏

三〇分以上の情報提供を負担に感じる、と考えているためです。もうひとつには、ラーニングバーでは、講師の話をそのまま「覚える」ことではなく、「自らの頭で考え」「対話して」「気づくこと」を目指しているからです。「講師の話」は、参加者が自分の考えをほかの参加者とシェアするための材料なのです。したがって「聞く」という部分はミニマムに抑えざるを得ないのです。

ラーニングバーにおいて、情報とはシェアするためのものであり、リフレクションを促すためのものなのです。そして、参加者がシェアし、リフレクションをうながす情報は、一流の話し手から発せられるものでなければならない、と考えているのです。

ラーニングバーは「脱構築」である

最近はさまざまな学びの場で、参加者同士の対話の時間が設けられることが多くなりました。しかし、かつては、こうしたインタラクションを重視した手法が用いられることは珍しく、大人が学ぶ場と言えば、教授者が一方的にしゃべり学習者はただ話を聞くだけ、という一斉講義型がほとんどでした。

ラーニングバーでは、一貫して参加者相互の「ダイアローグ（対話）」を重視してきました。その形式はいろいろと変遷していますが、講師のプレゼンが終わったあとに、参加者が近くの人同士、三、四人で即興的にグループをつくり、対話を交わす形式をとることが多くなっています。

もっとも、ラーニングバーをはじめた当初はそうしたスタイルに戸惑う参加者も少なくありませんでした。なかには対話の時間になると、そそくさと席を立って帰ってしまう人すらいました。

その頃、参加者からよく聞かされたのは「〈対話をしろ〉と言われても、話がかみ合わないんですよ」という声でした。講師の話が一段落し、僕が「では、ここまで聞いていて印象に残ったことを隣の人と話してください」とうながす。仕方なく話をしてみるものの、自分の言いたいことはうまく伝わらないし、相手の言っていることもよくわからない、というわけです。「一体どうして、こんなかみ合わない対話をしなくてはならないのか」と不満を覚える人がおおぜいいたのです。

これは無理もない話です。はじめて会った人との会話がかみ合わないのはある意味、当然のことなのです。大事なのは、ここで「なぜ話がかみ合わないのか」を考えること、かみ合わない理由に気づくことなのです。

コミュニケーション論の知見によると、人にはそれぞれコミュニケーションを行うときの「アサンプション（前提）」というものがあります。働く人は、自分が属している企業や組織で通用している物事の考え方に即して話をしていますが、そのことをあまり意識していません。だから、よその企業や組織の人たちとあるテーマについて対話をしようとすると話がどうもかみ合わない、といったことがしばしば起こります。

たとえば、新人採用について対話をすることになり、Aさんは自社のやり方である「一括採用」が「アタリマエ」だと思っていたとします。当然、Aさんはそういう前提のもとに対話を進めようとしますが、新人を一括で採用していない会社に勤めている相手のBさんにはその前提が通じず、Aさんの話がよくわかりません。困ったBさんはAさんに「そもそも、御社はなぜ一括で採用しているのですか」と尋ねます。すると、Aさんは答えに窮します。「なぜって……、うちの会社では〈アタリマエ〉なんですけど」としか答えようがないのです。

このような対話は、AさんにとってもBさんにとってもあまり心地のよいものではありません。お互いにコミュニケーションの前提が食い違っており、やりとりがスムーズに進まないからです。ですが、この「スムーズではないやりとり」こそが、対話なのです。対話の本当の意味は、他者とのかみ合わない話をきっかけにして、自分が知っていること、していつの間にか「アタリマエ」の前提としていることに「裂け目」を入れることなのです。

「自分は目の前にいる人とは違う前提で話している、だから話がかみ合わないのだ」と気づけば、「もしかしたら、自分は自社でしか通用しない考え方や言葉で話していたのかもしれない」というふうに内省が進みます。Bさんから「御社はなぜ新人を一括で採用するのですか」と聞かれたAさんは「うちでは〈アタリマエ〉なんですけど」としか答えられないことに気持ち悪さを感じ、はじめて「なぜ、一括採用なんだろう」というように振り返ります。

つまり、対話で目指されるべきは、自分内部にある、もはや自明化された考えに「メス」を入れることであり、同時に、自分が置かれている外部環境の特殊性に気づくことです。自分の立場や自分の活動を成立させている社会的背景・政治的背景・経済的背景を問い直すこと、わかりやすく言えば、自分にとっての「アタリマエ」を疑い、その背後にあるものに気づくこと、それが対話の生み出す本当の効果です。

最終章で詳しく述べるように、僕たちの目は日常生活を送るなかで曇っていきます。組織の常識や職場の常識、そのほかさまざまな常識に染まっていき、その背後にあるものを見ることができなくなります。

だから、新しいものの見方を獲得し、大げさに言えば「世界と主体的にかかわり続ける」ためには、一時的にではあっても、ふだん慣れ親しんでいる「アタリマエ」を離れ、慣性軌道から抜け出す必要があります。「かみ合わない対話」は、そうした内省のきっかけのひとつなのです。

「いわゆる質疑応答」はやらない

セミナーやフォーラムでは、講師の話がひと通り終わると、司会者が会場に向かって「何か、質問のある方は？」と問いかけ、挙手して指された人がマイクを手に質問をする、という形式が一般的です。しかし、そうすると「質問」という名を借りて自己主張を繰り返す人が出てきたり、会のテーマとはまったく関係がない質問が飛び出したりすることがないでしょうか？　いつもそうだとは言いませんが、僕はこれまで何度もそのような光景を見てきました。

僕はこの質疑応答のスタイルにかなり疑問を抱いています。なぜ同じコミュニケーションのパターンが当然のように踏襲されているのか。多くの人が、それに疑問をもっていると思われるのになぜ見直されないのか。少なくとも僕は、そういうふうにしてはじまる質問者と講師のやりとりを聞いて、心がわくわくしたことがありません。

セミナーやフォーラムに限らず、学会での質疑応答も惨憺たる状況になる場合があります。発表者に対してベテラン格の研究者からわけのわからない質問がぶつけられ、意図が理解できない発表者がさらにわからない答えを返す、といったケースです。そうかと思えば、重鎮にだけ意見を求めるシンポジウムなども存在します。

かくいう僕も、かつてラーニングバーで、こうした一般的な質疑応答のやり方を踏襲していました。しかし、ひとりあたりの質問が長くなったり、内容がまとまりに欠けたりすることが多かったため、あるとき、思い切ってやめてみました。その後は、独自の方法でより効率的で意味のある質疑応答をしようと試行錯誤を重ねています。

最初に導入したのは、「携帯電話のメール機能」を使う方法でした※。会場の参加者に、講師の話を聞きながら感じたことや疑問に思ったことをメールに打って、僕のアドレスに送信してもらうようにしました。参加者の机の上にＱＲコードを印刷した用紙を置いておき、メールを送信しやすくする、という工夫も施しました。

寄せられた質問は、講師のプレゼンテーションや参加者の対話が行わ

※場の参加者からリアルタイムで反応を収集し、授業に活かす方法は、一九七〇年代からレスポンスアナライザー研究によって数多くの研究が積み重ねられています。

れているあいだに僕がパソコン上で仕分けていきました。限られた時間のなかでメールを一通ずつ開いて読み、仕分けていくのは大変な作業でしたが、集めた質問を僕がまとめて講師に伝えて回答してもらうことで、かなりの効率化が図られた実感がありました。

けれども、このやり方はあとに使えなくなりました。参加者急増という事態に対応するために、会場を福武ラーニングシアターに移したところ、同シアターは地下にあるため、携帯電話の電波が入りにくくなったためです。

そこで、携帯を使うのはやめ、参加者に質問を付箋紙に書き込んでもらって回収する方法に変えました。デジタルからアナログに先祖返りした感もありますが、集まった付箋紙をテーブルにざっと並べて仕分けるほうが、メールを開いて仕分けるよりもスムーズで、現在も基本的にこの方法でやっています。

携帯メールを使うにしても付箋紙を使うにしても、集まった質問のなかから僕がまず講師にぶつけるのは「多くの参加者が共通して聞きたいと思っている質問」です。プレゼンを聞いた参加者が「ここをもっと詳しく知りたい」「補足してほしい」と感じる点はだいたい似たりよったりで数も多いので、そういうものから優先して聞きます。実際の質問文のなかで使われていた表現や文言をちりばめておいて、参加者の質問意図が講師に伝わりやすいように配慮します。

次に繰り出すのは、「どうしても聞いておかなければいけない質問」です。ラーニングバーで扱う人材育成のテーマには、必ずポジティブな側面とネガティブな側面とがあります。講師のプレゼンで詳しく語られるのは、主にポジティブな側面になるので、ネガティブな側面については、質疑応答のときにきちんと聞いておく必要があります。その種の「きわどい質問」は、講師への遠慮からか、参加者からはあまり寄せられないこともあるため、なおさら僕が率先して尋ねるようにしています。

そして、第一章で述べたように、質問の順番にはストーリー性をもたせ、講師の人となりが出るような質問も用意します。当然、このような質疑応答は講師にとってはかなりの負担となります。通常の講演のように質問者が目の前で（人によっては訥々と）質問するのであれば、講師はわりあい余裕をもって質問に耳を傾け、じっくり考えてから回答することが可能ですが、ラーニングバーでは参加者から集めた質問をベースに僕がたたみかけるように聞いていくため、講師には脊髄反射のような対応力が求められるのです。

質疑応答の締めくくりでは、僕から会場に向かって「今日は一〇人の質問に答えて頂きました」と質問に応じた数を報告します。こうすると、この一括方式がふつうのやり方よりもたくさんの人の質問に対応できることを理解してもらえます。

質疑応答における最新の試みを紹介しておくと、先に挙げた酒井さんの回では、「チャートイット」というシステムを導入しました。チャートイットは、会議やパネルディスカッションで、参加者が書いた質問紙を高速スキャンし、即座に集計してグラフを作成したり、書かれた内容を手書きのままディスプレイに映し出したりして、その場にいる全員で共有するシステムです。福山大学専任講師の杉本達應さんとメディア

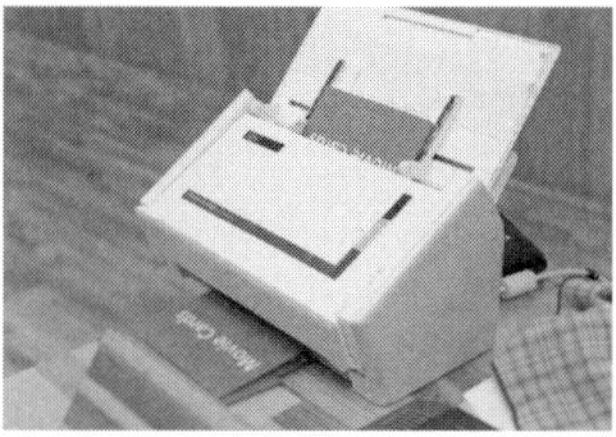

図 27　質問ツール

アーティストの宮原美佳さんが開発しました。

この回のテーマは「ケーススタディで新たな人材開発を構想する」というものでした。参加者はチャートイットを用いて、酒井さんからの設問に対してマークシートの「はい」と「いいえ」で答えたり、酒井さんに手書きで質問を出したりしました。二五〇人分のスキャンと集計には一〇分程度かかりましたが、その結果を円グラフにして表示したり、質問をいくつか選んで画面に映した上でご本人に答えてもらったりすることができました。

こうした効果的な質疑応答の実験は今後も続けていくつもりです。ラーニングバーでは、ハイテク・ローテクを問わず、常に新しいやり方を試しながら、高い学習効果を狙っていきたいと思います。

インプロ・プレゼンテーション

ここまででラーニングバーのプログラムはほぼ終わりです。最後に僕

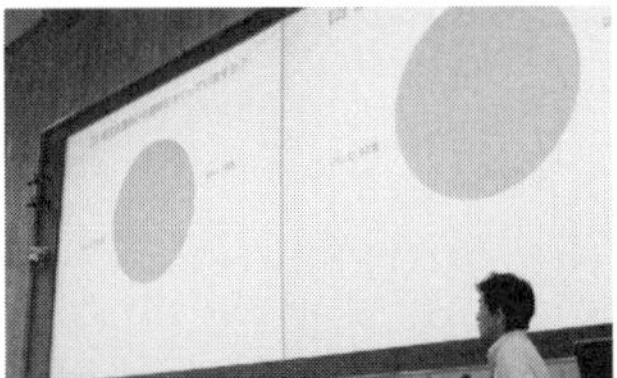

図28　質問の時間

図29　まとめの資料づくり

から「ラップアップ（まとめ）」のプレゼンをします。

　そのための資料づくりは、ラーニングバーが終了する約一時間前、八時頃から取りかかります。隅っこの席でノートパソコンを広げ、パワーポイント五枚分ぐらいの資料をつくります。

　なぜ、当日の、しかも終了ぎりぎりになってつくるのか、といぶかしく思う方もいるかもしれません。その最大の理由は、プログラム中の参加者の反応を盛り込んで話をするためです。バータイムや対話の時間に、僕はできるだけ会場を歩き回り、参加者の議論に耳を澄まします。そうやって、この場で起きていることを把握し、できるだけ多くのことを織り込んだ資料をつくります。その意味では、僕のラップアップは、よく言えば「インプロビゼーション（即興）」、悪く言えば「行きあたりばったり」です。


　ただ、そのなかでも心がけていることがあります。

　ひとつは、「自分の土俵に引きつけて、自分も主観を語る」ということです。

ラーニングバーの議論では、いろいろなものの見方が提示されます。講師が経営学の研究者ならば経営学者の観点で話をされますし、実務家の人であれば企業における実践面の観点から話すでしょう。参加者もそれぞれの立場に立ったものの見方で意見を述べ合います。

その点、僕の土俵は「学習」ですから、ラップアップではあくまでも「学習」の観点から、その回の議論に対する僕の主観を語ります。「僕の観点から見ると、今回はこういう話でしたね」というまとめ方をします。

二つめは、あえて参加者に「モヤモヤ感」を残すことです。

「正しい答え」は言いません。というか、企業の実務に従事していない僕は「正しい答え」をもちあわせていません。僕になし得るのは「問いかけ」を発することです。

外部での講演でもそうですが、僕は聴衆を前に話をするとき、最後は「今日は僕のもっている素材をお話しさせて頂きました。その話を踏まえて皆さんは今後どうしたいですか？　何を変えたいと思い、何を変えたくないと思いますか？」などと問いを投げかけて締めくくります。外部者の僕はそのように締めくくらざるを得ないのですし、結局、現場を変革するのは当事者である聴衆の方、一人ひとりなのです。

そうすると、話を聞いた人の頭のなかには消化されない思いであるモヤモヤ感が残ります。人によっては、話を聞く前よりも聞いたあとの方が余計にモヤモヤするでしょう。しかし、それが大事なのです。

僕が最後に「これが正しい答えだ」と言えば、参加した方は満足するかもしれません。ですが、そこに満足して思考停止に陥ってしまうと、学んだことを実践に移したり、行動を変容させたりすることがなくなります。それでは結局、何も学んだことにはなりません。これを青山学院大学の佐伯胖教授は「人は、教えてもらえると思った瞬間、〝考えないスイッチ〟が入る」と評しています。


もとより「正しい答え」といったものが本当に存在するのかどうかも疑問です。ラーニングバーで扱っているのは、企業や組織の活動に関するテーマであり、「選択肢Aと選択肢Bのうち正しいのはどちらか」といった類のものではありません。Aが絶対に正しいともBが絶対に正しいとも言い難く、なおかつ、どちらかを選べばどちらかを捨てなくてはならない、それゆえ、意思決定が重要な意味をもってくる、そんな問題ばかりです。

したがって、いかなるテーマにおいても、最終的には参加者一人ひとりが、自分の置かれている現状に鑑みて、自分の頭で考えて「自分の答え」を見つけ出すしかないのです。

参加者の皆さんには、バーを出た後に残るモヤモヤ感を大切にしてほしいと思っています。そして、いつの日か自分のなかに生まれたモヤモヤ感を自分の力ですっきりさせてほしいのです。それこそが「学び」というものではないでしょうか。

バーの外で語る

さて、ラップアップが終わったあと、僕はもう一度、ラーニングバーの趣旨を参加者に説明します。その際、イントロダクションのときには出さなかった五番目の趣旨、

⑤Ｂａｒを出て語る

そして最近では、

⑥自分もＢａｒをつくる

と映し出す、ということは第一章で説明した通りです。

僕は、ラーニングバーの参加者たちに、バーを出たあとで、この場で得た気づきを大いに語ってほしいと願っています。ラーニングバーはラーニングバーでは終わらないのです。ラーニングバーに参加した経験が、次のアクションにつながる「スプリングボード（跳躍台）」であってほしい、そう思っています。

語り方はいろいろあっていいと思います。まだラーニングバーを訪れたことのない人に語ってもいいでしょうし、ブログに書いたりツイッターでつぶやいたりしてもいいでしょう。企業の人材育成担当者など社費で参加している方のなかには、会社に正式な報告書を提出する人もいて、それもひとつの「語り方」だと思います。また、最近は、バーを出たあとで、はじめて会った参加者同士が飲みにいくことも多いようです。

講師の方を巻き込んで語り明かしたこともあったと聞いています。

「本当にわかったこと」は、「自分の言葉」で語ることができます。自分の言葉で語ることによって、さらにわかること、気づくこともあります。

参加者がラーニングバーで得た何かは、参加者の生の声で語られることによって、ときにはさまざまに内容を変えながら、さまざまな人に伝わっていきます。それもまた学習のプロセスであり、そうしたプロセスを経て、少しずつ「企業や組織における学びと成長」が変わり、ひいては社会が変わっていくのだと思います。

もうひとつ、主催者としての本音を明かせば、参加者の語りによって、ラーニングバーを広報してほしい、という期待もあります。

ラーニングバーのような学びの場のモデルは、参加者の口コミに成否がかかっています。とりわけ、僕たちは新規の人の参加を優先している以上、できるだけ注目され続けていることが開催の前提条件となっています。ラーニングバーを経験した「よい学び手」の皆さんの口コミこそが、さらに「よい学び手」を引きつけるのです。いわゆる「バイラルループ」の形成がここでも促されます。

また、参加者にブログで語ってもらうことで、参加者アンケートをとらなくても済む、という点でも助かります。僕の場合はグーグルのメールアラートの検索キーワードに「ラーニングバー（Learning bar）」を入れています。そうすれば、いくつのブログにラーニングバーについて書かれているのかが日々わかります。これが、いわゆる「評価」の役割を果たしていることは言うまでもありません※。かつ、エントリーの内容を見れば、参加者の感想を具体的に知ることができます。

ブログは個人のものですから、アンケートよりも本音が出やすく、ラーニングバーについての辛辣な意見や批判もあります。それらを読んで、がっくりきたり傷ついたりすることもないわけではありません。けれども、ネガティブな反応でも、反応がないよりははるかにましでしょう。悪かった点や足りなかった点を参加者の目線で指摘してもらえれば、次回に活かすことができます。

※ 会が終わってから、さまざまな情報を評価情報として集めます。ラーニングバーから帰った参加者たちが書いてくださるブログなどを読んで内省し、ラーニングバーのあり方を模索するのです。教育評価論における「総括的評価（Summative Evaluation）」がこれにあたるかもしれません。

主催者側のリフレクション

場づくりにおいては、主催者側の「リフクレクション（内省）」も欠かせません。ラーニングバーでは、特に反省会の時間を設けたりはしていませんが、それはスタッフメンバーが研究室で始終会っているためです。ふだんから「前回はあそこがよくなかった」とか「あのときの時間が足りなかった」などとコメントを言い合っています。また、中心メンバーのなかには毎回、反省点をドキュメントにまとめてくれる人もいます。かくして、研究室に「実践知」が蓄えられているのです。

僕個人が外部で講演をした場合には、終了後に事務局の人にお願いして、聴衆から集めたアンケートを見せてもらいます。雑誌に原稿を書いたあとも編集部宛に寄せられる読者アンケートを送ってもらって目を通します。その際には、反対意見や批判が書かれているものもすべて送ってくれるように編集部に念押しします。こうしたことも、僕なりに心がけているリフレクションのひとつです。

おそらく、ワークショップや勉強会を開いている人たちは、当日の会が終了したあとはかなりの疲労を感じることだろうと思われます。本番に集中して完全燃焼してしまい、あとは、打ち上げと称してみんなで飲みに行き、大いに騒いでその日のことをきれいさっぱり忘れる、といった流れになりがちではないでしょうか。

しかし、その前に、できれば当日のうちに、一時間でも三〇分でもメンバー同士でリフレクションする時間を設ける、そのことが主催者としての成長につながります。打ち上げで話せばいいじゃないか、と思われる人もいるかもしれませんが、そういうモードになるとなかなか真剣な話し合いはできないものです。下手をすると、参加者アンケートをみんなで回し読みし、ネガティブな感想を見つけてはグチを言い合ったり慰め合ったり、といった雰囲気になってしまいます。

リフレクションをするのであれば、やはりしらふの状態で、その日の自分たちの行動はどうだったのかを話し合ってみることをお薦めします。アンケートにネガティブなことが書いてあったなら、なぜその人はそういう不満をもったのか、ということをみんなで話し合い、そのなかから次回に活かせる教訓を学びとるべきだと思います。

どうやって場づくりを学ぶか

本章の締めくくりとして、ラーニングバーのような場を自ら創りたい、と願う方が、どのようなファーストステップを踏み出せばよいのかについても述べておきましょう。本書がその端緒になればよいのですが、おそらくそれだけでは不十分でしょう。場づくりの方法を学ぶためには、やはり「知識」と「経験」が必要だと思います。

まず知識ですが、やはり最低限の学習研究、ワークショップの実践知、メディアに関する知識は知っていたほうがよいと思います※。先人が既に蓄積してきた知識やものの考え方を応用しない手はありません。それだけで、あなたは先人の肩の上から自分の実践を探求できることになり

※文献としては、下記のものがお薦めです。僕自身も、上田信行先生、苅宿俊文先生など、さまざまなワークショップ実践・研究

ます。知識ですべてが解決するわけではありませんが、「現場の問題が解決しないから」といって知識を否定してしまっては「反知性主義」というそしりを免れません。

特に日本の企業内人材育成の領域では、この知識ドメインが未整備で、体系化されておらず、そこに問題を感じているのは僕だけではないはずです。実際、プロのファシリテーターやインストラクターを名乗る方でも知識・理論には無関心であり、「わたしの教育論」で仕事をしている方が少なくないように思います。もちろん、なかには経験だけで素晴らしい場を創る方もいますが、その数は限られているように思います。とにもかくにも、最低条件として、まずは知識を身に付けておくべきでしょう。

そして、場づくりにとってもっとも重要なことは「経験」にほかなりません。

場づくりの技術の習得は、まずは、自分が何らかの場に参加してみることからはじまります。世の中には、大人が学べるさまざまな場があります。そういう勉強会とかワークショップなどから参加の誘いがあった

に強い影響を受けてきました。ラーニングバーのルーツは、これらにあります。

『企業内人材育成入門』中原淳（編著）・荒木淳子・北村士朗・長岡健・橋本諭（著）／ダイヤモンド社

『協同と表現のワークショップ――学びのための環境のデザイン』茂木一司・苅宿俊文・上田信行・佐藤優香・宮田義郎（編）／東信堂

『プレイフル・シンキング』上田信行（著）／宣伝会議

『ワークショップ――新しい学びと創造の場』中野民夫（著）／岩波書店

『メディアリテラシー・ワークショップ――情報社会を学ぶ・遊ぶ・表現する』水越伸・東京大学情報学環メルプロジェクト（編）／東京大学出版会

『学び学 ワークショップ』佐伯胖・苅宿俊文・高木光太郎（著）（近刊）／東京大学出版会

り、何かのきっかけで自分が興味をもてそうな場を見つけたりしたら、とにかく一度参加してみるのです。行ってみて面白いと感じたら続けて参加するのもいいでしょうし、あちこちの場を渡り歩いてみてもいいでしょう。

いずれにせよ、そのうちにわかってくることがあります。それは、学びの場は、参加するよりも創り手に回る方が楽しそうだ、ということです。楽しめるだけでなく、得をするのも創り手の側です。なぜなら、次章で述べるように、場を創っていればそこには多種多様な人たちとの人脈が生まれ、大量の情報が集まるようになってきます。そういったメリットをより多く享受できているのは、場の参加者よりも創り手の側なのです。

かといって、いきなり自分で場を創るのは簡単ではありません。そこで、場づくりに興味をもったら、最初は既存の場のスタッフに加わってみるのがよいでしょう。受付係をやらせてもらうとか、事務の手伝いをしてみるとか、何か周辺的な役割を担うことで、創り手側に少しだけ回ってみるわけです。

そういう仕事に慣れてきたら、次は司会にチャレンジするとか、自分で企画を立ててみるなどして、次第に中心的な役割を果たしていけばよいでしょう。そして、段階を踏みながら経験を積み、やがて独立したくなったら、そこを離れて自分の場をもつのです。

新たな人々が創り手として参加してくること、そして離脱することは、場そのものにとってもよいことだと思います。というのも、場を創っているメンバーがずっと同じままでいると、その場は活力を失っていくからです。同じメンバーでやっていると、テーマのバラエティがなくなったり運営の仕方がルーティン化したりします。そうなると、その場は次第に衰退していきます。

新たな創り手が加われば、場に対して、外部から新たなノウハウがもち込まれることになります。そうやって、創り手が入れ替わりを繰り返すことによって新陳代謝が起き、その場はいつまでも生き生きし続けます。ラーニングバーも、そういう場にしたいと僕は考えています。それについては、また後ほどお話ししましょう。

第五章

ラーニングバーから生まれた変化

ラーニングバーがもたらした変化

ラーニングバーをなすことは、単にイベントをなすことではなく、それ以上のことをなすことにつながっていく。そうした実感をもちはじめたのは、いつの頃からだったでしょう。ラーニングバーをなすことで、ラーニングバーをなす僕自身、あるいは、僕につながる人々にさまざまな「変化」が生まれたのです。

その変化は「はじめに」で述べたように、諸相にわたっています。

①僕自身が「学び手」として充実した日々を過ごせることに加え、ラーニングバーに集う人々と僕がつながりはじめ、さまざまな仕事をともになすようになったこと

②ラーニングバーに集う人々同士がつながり、新たな商品やサービスを生み出しはじめるようになったこと

③ラーニングバーで学んだことを再吟味するさまざまなコミュニティ

が生まれはじめたこと

④ラーニングバーのような自主的な研究会や勉強会を自ら開催する人々が現れはじめたこと

ラーニングバーをなすことで生まれたこのような変化を重ね合わせるとき、そこには「エコシステム※」のようなものが生まれてきているとも言えそうです。エコシステムの内部には、人々がさまざまなかたちで出会い、つながり、これまで予想もしなかった知が生まれています。そして、僕にはその知が人々のつながりのなかをめぐっているかのように感じる瞬間があるのです。

この章では、ラーニングバーをなすことで生まれた「変化」について語ることにしましょう。

※一般にエコシステムとは「複数の要素・生体が相互作用を行いながら、機能している全体であり、そこに何らかの物質循環が認められるもの」を指します。ここでは、複数の学習者が相互作用しつつ、そこに知が生まれ、めぐるような社会的動態をあらわすメタファとして、これを用いています。

I have learningful life：僕自身にまつわる変化

まず、僕自身にまつわる変化です。ラーニングバーをはじめてからというもの、僕はいろいろな意味で、日々を丁寧に、かつ知的好奇心を絶やさず生きていけるようになった、と感じています。

それは、どのようなテーマでバーを開催すればいいのか、誰を講師に招きどのようなメッセージを発信すればいいのか、について、僕自身が「支度」せざるを得ないがために、日々大量の情報や文献を仕入れ、世の中に生まれる多くの変化に極めて敏感に対応するようになったためだと思います。

前にお話ししたとおり、僕はラーニングバーでテーマに設定した話題に関して、関連書籍・文献を国内外のものを問わず読みあさります。そのプロセスを通して、それまでまったく知識がなかったことについても最先端の議論を知ることができるようになるのです。ラーニングバーは僕にこうした「ラーニングフル・ライフ（Learningful life）」をもたらしてくれました。

もともと僕は研究者ですから、本を読むことは嫌いではありません。むしろ、職業的な読み方をすれば、人よりも相当速く読む技術をもっていると思います。しかし、僕も人間ですから、大学から疲れて帰ってきた日などは、どうしても本を読むのがおっくうになります。そういう自分を駆り立てるための道具立てとして、僕自身もラーニングバーを活用しているのです。

ラーニングバーのマーケティングをするためにはじめたツイッターも、さまざまな人との出会いを提供してくれています。ツイッターには、世の中のもっともラディカルで、だからこそ生煮えで面白く、それゆえマスメディアには流れないような情報が日々渦を巻いています。そうして仕入れた情報を僕は隠しません。むしろ情報は「共有(シェア)」するために存在するのであり、「シェア」してこそ、人々からのフィードバックを受けたり、新たな「気づき」を得られたり、さらにはそこで便益を受けた人々からの「おかえし」をもらったりすることができるのだと思っています。

このようにして日々を生き、ラーニングバーを繰り返しているうちに、不思議なもので研究基盤も次第に整ってきました。前に触れたように「働く大人の学びと成長」を研究テーマにしたときには、僕には何のコネクションもなかったのですが、ラーニングバーを今のかたちにしてからは、多くの企業・団体関係者の方々との接点をもてるようになりました。これまでに訪問した企業・団体の数は延べ数百に上り、なかには、ヒアリングや調査をするだけでなく、共同研究につながった例も少なくありません。このようにして僕の仕事は、以前よりもずいぶんやりやすくなりました。

ラーニングバーは「メディエータ」である

ラーニングバーをはじめてから興味深く思うのは、参加者同士が僕の知らないうちに一緒に仕事をはじめている、というケースがままあることです。

たとえば、AさんとBさんが一緒に仕事をはじめたと聞き、僕がAさんに「Aさん、Bさんのことをご存知でしたっけ?」と聞くと、Aさんは「実はBさんとはラーニングバーで会ってからすっかり意気投合して、仕事をお願いしているんですよ」などとおっしゃるわけです。こうしたケースを何度も見てきました。ある会社の人がラーニングバーで他社の技術者と知り合い、その出会いが新商品の開発・発売につながった、という話もありました。もちろん、ラーニングバーはジョブマッチングを意識して開催している場ではありません。ラーニングバーの目的はあくまでもその回のテーマについて対話し、内省してもらうことです。ですが、参加者同士がお互いに自己開示し合い、その日のテーマについて意見を述べ合い、さらには「バーの外」で語るうちに、自然と付き合いが深まるのでしょう。現に仕事がはじまったケースまであるわけですから主催者としては喜ばしいことです。

このようにラーニングバーは、別の世界、別の業界で仕事をしてきた参加者たちを結びつける「メディエータ（媒介者）」の役割を果たすようになりました。よく知られているように、イノベーションの古典的定義は「新結合」です。ラーニングバーには「インキュベーション装置」としての可能性も開かれている、と言っていいのかもしれません。

社内に「学習者共同体」をつくる

このところ、ラーニングバーは満員御礼の状況が続いています。主催者としては非常に心苦しく思う一方で、この満員御礼が、密かに意図しない効果を生んでいるようです。ラーニングバーの参加者のなかから、自らが中心となって社内で勉強会を開く人が出てきているのです。

つまり、こういうことです。

ラーニングバーの抽選では、同じ会社から当選が重複して出ないようなしくみになっています。たとえば一社から一〇人の応募があった場合には、おそらく一名ないしは二名程度の当選者しか出ないはずです。誰が当選したかの情報は本人以外には開示していませんが、会社によってはイントラネットのなかで当選情報が行き交うことがあるようです。そうすると、当選者の方は行けなかった人のために当日の内容をシェアすることが期待されます。結果として、後日ラーニングバーの内容を素材にして自社内でセミナーを主催する、という方が多く出るのです。なかには、そうした勉強会で対話が深まり、自社の教育体系の改善に踏み切った企業もあるそうで、非常に興味深いことだと思います。また、このような勉強会では、ラーニングバーで聴いた話をもう一度自分の言葉で語る必要があるため、講師役の人にとってもさらに理解が深まります。

社外に「学習者共同体」をつくる

ラーニングバーへの参加をきっかけにして、社外に「学びのコミュニティ」をつくっているという人も数多くいます。つまり、「誰かがデザインした環境」に参加するだけでは飽き足らず、自分自身がよりよく学べ、なおかつ、他者も学ぶことのできる機会や環境を自分の力でデザインしはじめた、ということです。多くの場合はひとりではなく、気の置けない仲間をともなって場づくりをはじめることが多いようです。

こうした動向はとても素晴らしいことだと思います。成人学習の研究では、よく「成人の学習の特徴は自律的であることだ」と言われますが、ここで目指すべき「自律的」とは、「誰かのつくった学習機会に〈自律的に〉参加すること」ではなく、「〈自律的に〉学習機会を生み出すこと」なのかもしれません。成人学習の可能性は「大人に学習機会を与えること」ではなく、「よい学び手（Good learner）を育成すること」なのではないか、とも感じます。

いいえ、「よい学び手に育成する」などと言うのは、おこがましいことなのかもしれません。人は本来「よい学び手」なのでしょう。しかし、日々の仕事に追われ、あまりにも忙しいために、「よい学び手」になるきっかけをなかなかつかめないのです。でも、何らかの「学びのきっかけ」をつかみ、それを一緒に愉しむことのできる仲間がいれば、「よい学び手」

として動き出す、そういうことなのだと思っています。

だとすれば、実践者としての僕がなすべきことは、「一緒に学ぶことのできる志ある仲間」が集まってくるような「学びのきっかけ」を準備することなのでしょう。

浮かび上がってくるエコシステム

この章のはじめにお話ししたように、ラーニングバーによって、今、「エコシステム」とでも呼ぶべきものが浮かび上がってきています。ここでのエコシステムとは、知がめぐり人がつながる、目には見えない「生態系」のようなもの、とお考えください。エコシステムの内部では、僕が学ぶことが他者の学びにつながり、他者が学ぶことがさまざまな学びに広がっていきます。そのなかで多くの知が生産され、めぐり、伝承されていくのです。

わかりやすく説明しましょう。

ラーニングバーを開催するにあたって、まず僕自身が学びます。この学びによって、僕自身が常に知的好奇心をもち、情報のアンテナを張って日々を生きることができます。さらにラーニングバーに参加する企業の方々と僕とのあいだにつながりが生まれ、そうした出会いをきっかけに共同研究がはじまることもあります。その成果は論文や報告書、ツールや一般向けの書籍など、さまざまなかたちでアウトプットされます。

さらに、参加者同士のあいだでもつながりが生まれます。既に見てきたように、その人たちのなかには、企業や組織の壁を越えて、新たな商品やサービスを創造したり、新たな試みにチャレンジしたりする動きが見られます。また、参加者のなかには、社内や社外でさまざまな「学びの場」を創っている人もいます。

さらに言うと、ラーニングバーの運営に関わる大学院生たちにも変化が起きています。大学院生はとかく研究室に閉じこもってしまいがちですが、ラーニングバーからは社会の実情を垣間見ることができます。また、ラーニングバーを構成する「モジュール」を任され、ワークショップやファシリテーションを体験する大学院生もいます。学位を取得するだけでなく、ファシリテーターとしても一人前になった彼ら彼女らのなかから、やがて外に出て、自分で新たな学びのコミュニティをつくりはじめる人が現れるかもしれません。僕はそこに大きな希望を感じます。

そのような社会的なつながりこそ、僕が今考えているエコシステムです。それがはかない泡沫のようなものなのか、幻想なのか、今はわかりません。それが何なのかを見極め、名づけることが、プロフェッサーとしての、僕の仕事のひとつなのかもしれません。

ラーニングバーの抱える葛藤

こうしたエコシステムにおける僕の役割は、たとえて言うならば、「ガーデナー」のようなものだと思えます。庭で樹木や草花がよく育つためには、養分がそれぞれの植物まで行き渡るように環境を整える必要があります。

同じように、エコシステムにおいて、僕はそのなかにいるステークホルダーに配慮し、みんなに十分な「養分=知識」の流れが保たれるように気を配ります。そのことが、回り回って僕のメリットにもなり、エコシステム内のほかのメンバーのメリットにもなるのです。

しかしながら、このエコシステムを駆動するラーニングバーには、数々のリスクや葛藤も存在しています。

ひとつは、僕自身が多忙になっていることです。

エコシステム内部にさまざまな関係が築かれるにしたがって、僕の日常は多忙さを増しています。この状態が続けば、これまでのようなラーニングバーのクオリティを維持できなくなってしまうでしょう。

もうひとつは、常に変化し続けることを「是」としてきたラーニングバーにあっても、回を重ねるごとに教条化・固定化が見られはじめていることです。

ラーニングバーはもともと僕が好きではじめたことではありますが、

いつも僕がすべてにかかわっていると、あらゆる面でバラエティがなくなってきます。毎回、新しい挑戦をしているつもりでも、どうしても「僕の色・好み」が全体を覆ってしまい、ステレオタイプ化、ルーティン化が進みがちです。

ラーニングバーは「洗練された方向」に向かっている、という意見もあります。「洗練された」というのはもって回った言い方ですが、要するに「予定調和」の方向に向かっている、ということです。かつてのラーニングバーはややアンダーグラウンドの匂いが漂う、今よりもずっとあやしさに満ちあふれた場だったのが、最近は小綺麗になってきた、というのです。僕としては、その結果、場としての面白さが失われていくのでは、という危機感を抱いています。

こうした一連の事態を打開するための方策として、二〇一〇年春にはラーニングバーの運営方法を大きく刷新しました。それは「ディレクター制度」への移行です。

この制度では、受付と飲食物と会場設営の三チームをつくり、それぞ

何らかの知識やノウハウが、組織内において生まれ、それが人々に共有され、さらにはそれを支えるしくみが組織内につくられて、人々の作業がルーティンとなり、それによりコストが下がって利益が出るようになることを、専門用語では「組織学習（Organizational Learning）」と言います。「組織が学ぶ」とは明らかにメタファですのでわかりにくいかもしれませんが、言うなれば、ラーニングバーでは、この組織学習を拒否しているのです。つまり、「いつまでたっても楽にならず、利益が出ないしくみ」ということです。

れを大学院生がディレクターとなって仕切り、その下に学部生のスタッフがつくようなしくみにしています。それら三チームの上には、その回のテーマやコンセプトを決めるクリエイティブ・ディレクターを置いています。

学部生のスタッフは、ソーシャルメディアで募集をかけたところ、あっという間に他大学の学生を含む十数人が集まりました（こういう仕事に興味をもつ学部生がこんなたくさんいるのか、とびっくりしました）。

大学院生をディレクターとして、学部生をスタッフとして雇用する現在のしくみは「徒弟制」を基本としています。はじめに学部生スタッフとして各種の仕事を経験した人のなかからもっと深くラーニングバーにかかわりたいという人が現れたら、次は受付や飲食物や会場など各チームの責任を負うディレクターになってもらいます。さらに、そのなかからプログラムの中身をつくってみたいという人が出てきたら、一部のモジュールを任せるようにし、その次は全体の企画（資金面の仕事は除く）を任せる、というふうに段階的に経験を積んでいきながら、最後はひとり立ちしてもらいます。

しかし、このしくみによって僕の負担が軽くなったかというと、そうでもないのです。ディレクター相互の役割調整、学生スタッフの教育等々、また新たな仕事が発生しています。

新たな仕事

ディレクター制度に移行してからの僕の仕事は、主として大学院生スタッフの育成と、学部生スタッフの意識合わせです。

学部生スタッフの教育では、まず「ラーニングバーは単なるイベントではなく、良質な学習経験（ラーニング・エクスペリエンス）を社会に魅せる場である」ということをよく理解してもらうようにしています。

そのうえで、スタッフに求められているのは、

①「Hospitality：おもてなしの思想」……気持ちのよい挨拶を心がけること。学習者の視点に立って、自らがよいと思ったことを積極的

になすこと。

②「Win as a team の発想」……一人ひとりのスタッフが、この場をみんなでよい学びの場にしていこうとする意識をもつこと。

③「Have fun !」……自分自身が楽しむこと。

の三点だと伝えています。

今後、ラーニングバーが続くとしたら、大学院生の果たす役割はどんどん大きくなっていくでしょう。新たな学びの場のあり方、学びとコミュニケーションを切り開いていくのは彼ら彼女らなのだと思います。

既に、大学院生たちのなかには、自分たちの手でワークショップやイベントを開催している人もいます。二〇一〇年一月に、東京・六本木のクラブを借り切って開いた「サードプレイスコレクション2010」では、大学院生が資金面を除くすべてを自分たちで企画し、当日のファシリテーションもこなしました※。

この会は「今、新たな教育や学習のあり方を切り開いている実践家（研

※ 動画は http://www.youtube.com/user/workshopbu

究者を含む)」が集まるパーティでした。そこでは、十数人の魅力的な実践家が三分間のショートプレゼンをして、参加者はそれを聞き、交流するという内容でした。準備期間から開催当日まで、大学院生たちにはかなりの負荷がかかったと思います。

　このイベントのなかで僕がやったことはあまりありません。大学院生たちに適度にプレッシャーをかけたり、ときには心理的不安を取り除く手助けをしたり、といった関与の仕方に留めました。内容についてもたまに報告を受ける程度で、ほとんど口を出すことはありませんでした。やり終えた大学院生たちがどういう感想を抱いたかについては、次の章でお伝えしましょう。

図30　サードプレイスコレクション2010の様子

第六章

他者の目から見たラーニングバー

これまで振り返ってきたように、ラーニングバーは、けっして僕ひとりの働きで成り立っているわけではありません。

・運営に携わる大学院生や学部生
・毎回のテーマに合わせてお招きする講師
・会場を埋め尽くして場づくりに協力する参加者

この三者があってこそ、ラーニングバーは成り立っています。

そこで第六章では、こうした三者にとってラーニングバーとは何なのか、ということを対談のかたちで聞いていきたいと思います。といっても、単にラーニングバーの特徴やよい点を挙げてもらうのではなく、ラーニングバーのよくない点、ラーニングバーに足りないもの、ラーニングバーの限界など、ネガティブな側面についても忌憚のない意見を述べてもらっています。

教育や学習のメソッド・あり方に絶対的な正解はありません。人々の学びに対して「何かよかれと思うことをなすこと」は、「既存の問題を解決しても、また新たな問題を生み出すこと」と同義であることが少なくありません。ここにおいてもっとも重要なのは、「生まれている課題や問題を覆い隠さないこと」です。問題を真摯に取り上げ、変えるべきものは変え、変えないものは変えない潔さ、強さ、勇気をもつ。学びを創造する人々にとって、もっとも重要なのはそのことではないか、と僕は思います。

「ラインホールド・ニーバーの祈り※」にはこうあります。

神よ
変えることのできるものについて、
それを変えるだけの勇気をわれらに与えたまえ。
変えることのできないものについては、
それを受けいれるだけの冷静さを与えたまえ
そして、
変えることのできるものと、変えることのできないものとを、
識別する知恵を与えたまえ。

※ラインホールド・ニーバーは米国の神学者。本文は大木英夫訳より引用

さて、最初に登場してもらうのは、ラーニングバーを手伝ってくれている東京大学の大学院生、舘野泰一さんと安斎勇樹さんです。彼らは初期のラーニングバーに学生として参加し、その後、スタッフを務めてくれるようになりました。舘野さんは中原研究室の博士課程二年、安斎さんは僕の同僚である山内祐平准教授の研究室に所属する修士課程二年です。また、二人はワークショップ部※という部をつくって、新しい学びの場づくりを目指して活動する実践家でもあります。

◎対談1

ラーニングバーとのかかわり

中原　改めて二人がラーニングバーにかかわるようになったきっかけから話してもらえますか？

舘野　二〇〇五年に、まだはじまったばかりのラーニングバーに参加し

※ワークショップ部は、「新しい学びの場」について、理解を深め、実践を行っていくコミュニティ。ワークショップに留まらず、カフェイベント、パーティ、勉強会などを企画・運営しています。
http://utworkshop.jimdo.com/

ました。その頃、僕は修士課程にいて中原研究室には所属していなかったのですが、たまたまその存在を知って興味があったので参加させてもらいました。

安斎　僕も学部生のときにお金を払って一般ゲストとして参加したのが最初でした。関心のあるテーマについて学べて、知り合いもできて、ごはんも出るし、面白いなと感じて何回か参加しました。

中原　まだ、テーマも絞られていなかった頃だよね。

舘野　そうです。参加費の四〇〇〇円は学生にとっては結構高いんですよね。スタッフになったら参加費は払わなくていいし、バイト代はもらえるし、これはいい、と。

安斎　バイト代がもらえて、食べたり飲んだりできて、さらに講師の方の話も聞けるなんてとてもお得だと思いました。

中原　二人ともワークショップについての研究をしているし、ワークショップ部のメンバーとして実践活動もしているわけだけど、ラーニングバーのスタッフとして働きながら、場づくりについて何か影響を受けたことはありますか？

舘野　もともと何かを学ぼうと思ってスタッフになったわけではないのですが、裏方を手伝っていると細かいノウハウを学ぶチャンスはたくさんありました。場づくりで大事なことはそういう細かい部分に尽きるので、知らず知らずのうちに学んできたことは多いと思います。

具体的には、僕たちのやっているワークショップ部では、所属する研究室や専攻コースを超えて大学院生がゆるくつながることができる「Happy Hour」という場を創ってきたのですが、これはかなりラーニングバーの影響を受けています。

安斎　お酒や料理を出してみるとか、空間レイアウトをちゃんと考えてデザインするとか、そういったことを無意識のうちに学んできました。

中原　では、ラーニングバーそのものについてはどんな印象をもっていますか？

安斎　まず、あれだけ継続的に安定して回を重ねている学びの場は、ほかにあまりないと思います。それから、僕が特に感じるのは「ホスピタリティ」です。たとえば、料理のグレードをちょっと下げれば、もう少し収益が上げられるとわかっていてもそうしない。収支はほとんどトントンですよね。とにかく参加者に楽しんでもらう、という方針が徹底されているように感じます。

舘野　参加者のリテラシーの高さも特徴だと思います。

最近はラーニングバーに限らず、参加者同士の対話を取り入れるイベントが増えてきましたが、いざファシリテーターが「隣の人同士で対話してください」と言うと、参加者が戸惑ったり帰ってしまったり、ということがよくあります。しかしラーニングバーの場合は、全体的に参加者が場慣れしているのか、あるいは常連さんがうまく引っ張っているのか、皆さんがスムーズに対話に入ります。前回（二〇一〇年九月二九日）のラーニングバーで、僕は「ゆるゆるネットワーキング」の部分を担当しましたが、その場のプレゼンテーションも、とてもやりやすく感じました。

中原　確かに、皆さんが「振る舞い方」をよく知っていますよね。半分以上は初参加の人だけど、おそらく以前に参加した人や別の機会で僕のやり方を知った人たちが勝手にファシリテーターの役割を担ってくれて、ほかの参加者を自然に引っ張ってくれているのだと思います。

ラーニングバーの真逆を行く

中原　二人は二〇一〇年一月に「サードプレイスコレクション２０１０」というイベントを開いたけれど、あのイベントについてはどう振り返りますか？

舘野　ラーニングバーは、既存のセミナーやフォーラムの枠組みから一歩前に踏み出した学びの場であり、そのポジションで成功しているし、尊敬に値すると思って参考にしています。でも、ラーニングバーの場づくりにおいて見られるホスピタリティとは反対の方向性を僕たちは考えてみたかったんです。もっと雑多で混沌としていて、主催者からのしかけは極力減らし、参加者がより主体的に学べるような場をつくってみよう、という狙いで企画しました。

中原　具体的にはどういうことをしたのですか？

舘野　会場は、サードプレイスという概念について考えるのにふさわしい場所、という理由で、現代の流行の発信地である六本木のクラブにしました。「クラブ」と「学び」という言葉二つの「相性の悪さ」に着眼したのです。「教育的なことを求めてきた参加者すべてに一定の満足感をもたらす場」というよりは、「学べる参加者と学べない参加者の格差は生じるかもしれないけれど、何か突拍子もないことが起きそうな場」を創ってみたかったのです。ＤＪの人に入ってもらったりライブ演奏を取り入れたりと、音楽の可能性についても追求しました。

安斎　ラーニングバーの会場レイアウトでは、演壇と客席がはっきり分かれていて、講師は「登壇」しますよね。「サードプレイスコレクション」では演壇を設けず、講師は自分が話す番になったら会場のなかから前に進み出て、短いプレゼンをして、終わったらまた会場に戻っていく、という状況をつくってみました。講師は一五人ほどお招きしましたが、研究者以外にアーティストや建築家の方などにも出て頂いて、人選がアカデミックに偏らないようにしました。

中原　講師のプレゼン時間は「一人三分」でしたよね。

安斎　ええ、あえて短くしました。ふつうのワークショップでは、主催者側が会場内の写真を撮ったり、参加者のためにプログラム内容を記録したりしますが、そういうことも一切やりませんでした。会場にツイッターができる場所を設置しておいて、記録もセルフサービスでどうぞ、という発想。ここもラーニングバーの思想とは真逆に振ったんです。

舘野　「ラップアップ（まとめ）」も一応しましたが、きれいにまとめるのは避け、参加者にはラーニングバーよりもっとモヤモヤした気持ちで帰ってもらおうと思いました。

中原　結果的にはいろいろ大変なこともあったのかな（笑）。

舘野　そうでしたね。終了後に「やれやれ終わった」と思っていたら、さまざまな方面から多くのご指摘を受けました。「料理が少なかった」「人とぜんぜん話せなかった」「混み過ぎだった」などネガティブなご指摘もたくさんありました。

中原　人が入りすぎて混んでしまったのは、明らかに僕の責任です。僕のところに参加希望の問い合わせがあったんだけど、どうしても人数を絞り込むことができなかった。本当に申し訳なく思っています。

安斎　意見を頂くのは有り難いことです。次に失敗することを防げますから。振り返ってみれば、僕たちの広報の仕方にも問題はあったんです。サードプレイスの意味を「人とのつながりの場」だと打ち出しておきながら、わざと参加者同士がつながるためのしかけをつくらずに参加者を放置する形式をとってしまいました。

舘野　「あの場は参加者が自ら学びたいものを学びにいく場だったのだ」と理解して評価してくださった人もいましたが、そういうコンセプトに不満を覚えた方もいらっしゃったようでした。

安斎　まさに賛否両論でしたね。

完成形を壊せるか

中原　そういう経験も積んできた二人に聞きたいのですが、ラーニングバーのよくない点や改善すべき点について、何かご意見はありますか。

安斎 最近、僕は時間の都合がつかなくて、スタッフをできていないのですが、先日ちらっとのぞいた感じだと、ラーニングバーでは引き続き装飾や小道具に凝り続けていますよね。もちろんそれはいいと思うんですが、ああいう工夫を毎回やり続けていると、参加者の期待もどんどん高まっていくから……。

中原 主催者としては工夫するのをやめられなくなる?

安斎 そうです。そろそろ「変え方」自体を変えないといけないだろうし、そうしないとスタッフに飽きがくるのではないかと思います。

舘野 ラーニングバーは、場を創る側の育成機会にもなっているから、新しさを追うのはなおさら難しいんですよね。スタッフの大学院生・学生のなかには初チャレンジの人もいるので、その人たちには経験を積んでもらわなくてはいけないし、なおかつ前回とは違う場を創り続けなくてはいけない。

中原 前と同じことをやると、「クオリティが下がった」と思われてしまうから、確かにそこはつらい。でも、変え続けていると、いつまでたっても手離れが悪い。変えるために、どこかで流行っている珍しいものをもってくる、という方法もあるけれど、それとて長くは続かない。やり過ぎると、無理して小手先の技をきかせているだけの印象になってしまう。

安斎　僕は根本的にラーニングバーというコンセプトが難しくなっていると思います。ラーニングバーと言いながら、もはや「バー」ではないですよね（笑）。会場は明るいし、参加者の方々は前を向いて講師の話を聞いているし、どうもバーっぽくないな、と。それに、「ダイアローグを重視する」と言っているわりには、対話の時間が短いのではないですか？

中原　そうだね。言い訳になるかもしれないけど、「バー」を名乗っているのは、「お酒と料理を出す」という意味なんだよ。もともと、参加者は十数人しかいなかったし、アングラな集まりだったから、「バー」だった。でも、二〇〇人以上が集まる「バー」なんて本当は存在しないんだから、確かに現状のラーニングバーはもはや「バー」ではないし、「ツッコミどころ満載」になってきているのは事実だと思います。

舘野　僕が思うに、おそらくラーニングバーは、今の姿が「完成形」なのでしょう。といっても、進化し切っているわけではなくて、毎回少しずつ変化を加えたり、新規の参加者を集めたりすることで代謝もよく保たれています。あまり無理に変えようとすると小手先の変更に逃げることになるし、ガラッと変えたらそれはもうラーニングバーではなくなってしまう。ラーニングバーという言葉は固有名詞として流通し、そこには一定のイメージができあがっていますから、変えることも大変なんだと思います。

中原　やっぱり、そろそろ根本から考え直すべき時期にきているのかな……。

中原　最後に、二人とも研究者を目指しているわけですが、どんな研究者になろうとしているのかについて、少し紹介してもらえますか？

舘野　研究室に入ったばかりの頃、僕は実践の方は控えめにしておいて、研究を中心にやっていくつもりでした。しかしいまは、場づくりは研究の片手間でやったり息抜きでやったりするものではなく、研究に必

舘野泰一
（たての・よしかず）
東京大学大学院・学際情報学府・中原研究室在籍。二〇〇八年に「ワークショップ部」を結成し、「新しい学びの場づくり」に関する実践を行う。大学生を対象に「書くことの支援」に関する研究や、社会人を対象に「社外の勉強会に参

須のものだと思うようになりました。自分の研究をコアにしてそれを知ってもらう場を創る、場を創るから研究が進む、という循環をつくりたいと思います。これは、ラーニングバーを手伝うようになってから自分のなかに起きた大きな変化です。

安斎　僕も、研究と実践を往復しつつ、両方を統合できるような研究者になりたいと思っています。しかし「研究と実践の両方をやる」というのは、口で言うのは簡単ですが、それは二倍働くということだし、まったく違う言語体系を駆使することも求められますから、実際はかなりの「曲芸」だと思うんです。自分の指導教員である山内先生や中原先生はその「曲芸」に挑戦しようとしている。限られたリソースのなかでどうやって両方のバランスをとればいいのか、これから学んでいこうと思っています。

中原　二人の目指す研究者像は、ものすごくチャレンジに満ちたものになると思います。たぶん、答えはなかなか出てこないんじゃないかな。僕にも「答え」はわからないんだよ。でも、僕が今後もするであろう失敗を見て、同じ轍を踏まないようにしつつ、君たちは君たちなりの

加することの学習効果」に関する調査研究等を行っている。
http://www.tate-lab.net/mt/
Twitter ID：tatthiy

安斎勇樹
（あんざい・ゆうき）
東京大学大学院・学際情報学府・山内研究室（学習環境デザイン）在籍。大学二年時に教育系ウェブサービスで起業。その後、二〇〇八年より中学生のための新しい学びの場「MindsetSchool」を運営。現在は、大学院で「ワークショップにおける創発的コラボレーション」に関する研究をしながら、子どもから企業向けまで、さまざまな新しい学びと創造の場をデザインしている。
Twitter ID：YukiAnzai

やり方で新しいことに挑戦してほしいと思います。

二人のように大学院生が既に研究と実践を両方やろうとし、社会との接点をもとうとしているということは、時代の変化を感じさせます。そうやって「自分なりのエコシステム」をつくることが、ナレッジワーカーの重要な役割になっていくのだという思いをますます強くしました。

ありがとうございました。

続いてお話をうかがうのは、株式会社ぐるなび人事部門長の田中潤さんです。田中さんは、ラーニングバーに初期から参加してくださっているおひとりです。ラーニングバーで学んだことを社内で実践し、そこでの出会いを人脈づくりに活かしてこられた人であり、ラーニングバーでの経験が今の会社への転職のきっかけのひとつになったとも聞いています。企業人材育成の最前線にいる方がラーニングバーをどう見ているのか、その本音をお聞きしたいと思います。

◎対談2

かつてはアングラっぽかった

中原　ラーニングバーにはじめて参加されたのはいつですか？

田中　荒木淳子さん（産業能率大学・情報マネジメント学部講師）から「田中さんなら絶対に気に入る面白い会がありますよ」と勧められ、二〇〇八年六月の回に参加しました。そのときのテーマは「組織理念は広めることができるのか」で、リクルートワークス研究所の高津尚志さん（当時）などが登壇されていました。

中原　参加してみて、どうお感じになりましたか？

田中　あやしい感じがしました（笑）。

中原　アングラな雰囲気が漂っていましたか（笑）。

田中　「秘密基地」みたいでしたね。会場も今のきれいなホールではなくふつうの教室でしたしね。そこにお酒を出しているのがいかにもあやしかった。

当時、私は別の会社に勤めていたのですが、人事から営業に異動していた時期だったこともあって、ラーニングバーについてはまったく知らず、失礼ながら、中原さんのことも存じ上げませんでした。でも、はじめて参加してみて、すごくインパクトのある会だと感じました。その時点で既に抽選制になっていましたから、おそらくラーニングバーがメジャーになっていく直前だったのだと思います。

中原　その後、何回か続けて参加して頂いていると思うのですが、印象に残った回はありますか？

田中　同じ年の八月に、「組織を変える――上からやるか、下からやるか」というテーマで、野村総合研究所でエグゼクティブ・コーチングをやっておられる永井恒男さんが講師としていらした回がありましたね。それから多くの講師陣がいらした「みんなで『やる気』を科学する」（二〇〇九年四月）の回。リクルートエージェントの中村繁さんが自社の学び合いのしくみである「ちゑや」を紹介された「コミュニケーション不全を克服せよ！」（二〇一〇年二月）の回も印象深かったですね。

中原　実際に、ラーニングバーでの学習経験が社内で役に立ったことはありますか？

田中　私の場合はかなり直接的に役に立っています。永井さんとはその後何度もディスカションをさせて頂きましたし、高津さんにも訪問して教えを頂きました。また、最近では人事のメンバーをリクルートエージェントに連れていって、中村さんに「ちゑや」の活動を見せて頂きました。メンバーたちは「ちゑや」のぐるなび版にあたる「ぐるのわ」という活動を社内でひそやかにやりはじめています。

あらゆるセミナーの「ラーニングバー化」

中原　ラーニングバーは、ある時期から急速に参加者が増えていきました。僕からすると、その理由がもうひとつよくわからないんです。田中さんは人事関係のいろいろなセミナーやフォーラムに出ていらっしゃると思うのですが、そういった場とラーニングバーとの違いについて、どうお考えですか?

田中　ラーニングバーでは、テーマに合わせて複数の講師が登壇することがありますよね。そういう場合、一人の講師がお話しになる時間は三〇分ぐらいになりますので、もったいないなあ、という気もするのですが、講師がそれぞれの見地から話されることがとても面白いと思いました。

中原　なるほど。

田中　でも、ラーニングバーのスタイルというのは、確実に世の中に広がってきていますよね。

中原　どういうことですか?

田中　私が参加するのは人材育成関係のセミナーが中心なので、その分野に限定的な事象かもしれませんが、本質論は別にして「ラーニングバー的」な要素を取り込もうとしているセミナーは増えていると感じます。もっと言うと、あらゆるセミナーが「ラーニングバー化」しているように感じられます。

中原　「ラーニングバー的」とはどういうことですか？

田中　特徴は三つあります。

ひとつめは、セミナー開始前に周囲の席の人との名刺交換がはじまること。主催者側もうながしたりします。これは一昔前にはあまりなかったことです。

二つめは、一対一で語り合う「ペア・セッション」や周囲の人たちとの対話の時間がとられていること。時間をとればいい、というものではありませんが、参加者が能動的であれば、放置しておいても対話は盛り上がります。人材育成系のセミナーはラーニングバーの参加経験者がちらほらと混じっている場合も多く、そういう人たちがリード役になることもあります。

三つめは、終わったあとで「別会」があること。最近は特にそういうセミナーが増えたように感じます。一回限りのセミナーでも懇親会をやったりします。参加者の方にニーズがあるのでしょう。主催者がインフォーマルに二次会への誘いの声をかけることもありますね。

中原　なるほど。

田中　経営関係のセミナーやフォーラムのあり方がラーニングバーの前と後で変わったと言っていいと思います。近頃、「役員報酬の決め方」というセミナーに参加したのですが、あまりにも講義一辺倒の「一〇〇％知識注入型セミナー」だったので、逆に新鮮さを感じたぐらいです（笑）。

中原　しかし、世の中のセミナーが次々に「ラーニングバー化」しているのだとしたら、ラーニングバーそのものも転換点にさしかかっていると言えるのかもしれません。

田中　かつてのあやしさはなくなり、洗練された場になりつつありますね。参加者はちゃんと場のコンセプトに沿った動きをしていて「ひねくれた行動」をとる人がいない。みんな「好きなミュージシャンのコンサート」に来ているような感覚なのかもしれません。それは一面ではいいことなのでしょうけれど、その分、突き抜けた感じが薄れ、「予定調和的」になってきた気もします。私が慣れてしまったせいもあるのでしょうが。

中原　場のクオリティが高まった半面、あやしさとか荒々しさが失われてきたとは思います。田中さんはひねくれた行動をとりたいのですか？

田中　もしも、今のラーニングバーにはじめて参加したとしたら、ひねくれた行動をとるかもしれません。

中原　会場が福武ホールになって参加者も二〇〇人を超すようになったので、正直、前と同じようにやるのはきついところもあるんです。いろいろと演出は工夫し続けているのですが。

田中　わかります。しかし、たぶんこのままだと参加希望者数はもっと増えていきますよ。

中原　仮に一二〇〇人の応募があって、一〇〇〇人を落とさなくてはならなくなったら、落ちた人たちの不満も高まるでしょうね。そうなると、僕としてもかなりしんどいですね。

転職の決断を支えたもの

中原　ところで、田中さんは、ラーニングバーで出会った人たちとの人脈も大切にしておられますね。

田中　はじめて参加したとき、終わってから座席の両隣の人たちと三人でそのまま飲みに行ったのを覚えています。三人の付き合いは今も続いています。あの頃、先生はまだラーニングバーのコンセプトに「Ｂａｒを出て語る」というのを入れていませんでしたから、「自分たちは先生が言う前からバーを出て語っていた」と言って威張っています。それから、「やゑくら（八重洲でうどんを食らう会）」という会もやっています。ここでは、ラーニングバーに参加した経験のある人材育成関係の人たちが中心となって、月に一回、飲みながら仕事と人生について語り合っています。ほかにも、ラーニングバーと似たような勉強会を自主的に開いている人は多いと思いますよ。

中原　田中さんの場合、転職を決断するに至った経緯にも、ラーニングバーがかかわっているそうですね。

田中　私は前の会社で三十歳になる手前で営業から人事に移り、以後一三年間、人事を担当しました。その間、人事方面の人脈も築けましたし、四十歳のときにはキャリアカウンセリングの資格も取りました。そういうこともあって、今後は人事の仕事を続けるんだ、と心に決めていたところ、四十歳過ぎで出向して営業部長をやることになりました。もちろん出向先での仕事も楽しかったのですが、人事への思いは残りました。そんな時期にラーニングバーの存在を知り、人事の仕事との接点がほしくて何度も足を運んだのです。

出向先に三年いた後、また本社の営業に戻ることになり、「ミドルの転機」を迎えました。しかし、ラーニングバーに参加して、社外の仲間たちとも対話を重ねてきましたから、自分が本当にやりたいことは人事だとわかっていましたし、純粋にラーニングバーなどで学んだことを組織的な規模で実現させてみたいと思いました。こう振り返ると確かにラーニングバーが転職の理由のひとつになっていますね。

中原　田中さんは、ご自身でもキャリアカウンセリングの社外勉強会を開いたりしておられますが、一番苦労されているのはどんなことですか。

田中　勉強会の最大の課題はいつも「場所」です。

中原　皆さん、そのようにおっしゃいますよね。ラーニングバーは大学でやっていますので、空いていれば使えます。会場費はきちんと大学に納めてはいますが。

田中　基本的にお金はかけたくないので、仲間のなかの誰かの会社でやることにしていたのですが、最近はセキュリティの問題があって難しくなっています。特に休日の開催は難しくなりました。私はしていませんが、貸し会議室を使ったり、喫茶店の個室を使ったりというケースも多いようですね。

中原　学びの場を創りたいと思っている人が、そういうインフラの部分でつまずくことが多い、という話はよく聞きます。ワークショップができるとか料理が出せるといった面も含めて、場づくりがしやすい場所が、社会全体にもっと増えていくことを願っています。

田中潤
（たなか・じゅん）
株式会社ぐるなび・管理本部人事部門長。一九八五年、日清製粉株式会社入社。営業・人事の業務を経験したあと、四十六歳で転職。慶應義塾大学SFC研究所・CRL登録キャリアアドバイザー。GCDFキャリアカウンセラー。業務のかたわら、学生のキャリア支援にも取り組む。真のナポリピッツァ協会日本支部事務局長、にっぽんお好み焼き協会理事。
ブログ：http://jqut.blog98.fc2.com/

　最後は、産業能率大学教授の長岡健さんと議論します。長岡さんは、組織社会学あるいは社会構成主義の視点から、既存の人材育成のあり方に鋭く切り込む論客であり、僕は一緒に本を出版させて頂いたこともあります。また、長岡さんには、何度もラーニングバーにご登壇頂いており、産業能率大学が提供し、ご自身がモデレーターを務めておられる「イブニング・ダイアローグ@代官山」に僕がゲストスピーカーとして招かれたこともあります。「脱・知識伝授」「脱・予定調和」を掲げ、場のかき回し役を自任する長岡さんに、ラーニングバーの課題をえぐって頂きます。

◎対談3

「個の学びの場」を追求する

中原　二〇〇九年から産業能率大学では、「対話・交流・学びの場」というコンセプトで「イブニング・ダイアローグ@代官山」をはじめています。長岡さんがこれにかかわっているのは、どんな動機からですか？

長岡　僕はこれまで、「学習と組織をめぐる現象を批判的に読み解くこと」を研究の中心に据えてきたのですが、そういう自分が新たな場の創造にコミットしたらどうなるか、ということに興味がありました。一〇年前まで、僕は「学校を変えたい」と思っていたんです。仲間と学生を集め、さまざまな制度の編み目をかいくぐり、自由な学びの実現を目指して、ワークショップをやったりしていました。数年間はとてものめり込んでいたのですが、あるとき、「自由に振る舞えという教員の号令に、学生を従わせているだけかもしれない」と考えるようになって、以来学びの場づくりからは少し距離をおいてきました。

中原　長岡さんの批判的なまなざしの背後には「学校・教育を変えたい」という思いがいつもあるようにお見受けしていました。

長岡　その後、僕はポストモダンの立場から学習と組織をめぐる現象を批判的に読み解く研究を続けてきましたが、批判ばかりしている自分にも飽きてきた状態でした。そんなときに、中原さんのラーニングバーを見て刺激を受けたんです。それで、ラーニングバーのような「大人の学び場」を自分も創ろうと思ったんですよ。

中原　長岡さんの目指したものは？

長岡　当初は「〈知識伝授ではない場〉を創る」という非常にシンプルな狙いでしたが、やっていくうちに、「組織の一員としてではなく、個人として学ぶ場」にしたい、という思いが強くなりました。ラーニングバーと同様、イブニング・ダイアローグ＠代官山にも企業の人材育成担当者の方がよくいらっしゃいますが、その方々の語りの多くは「他者の学び」、あるいは「会社のための学び」なんです。でも、「本当は〈あなた個人の学び〉が必要なのでは」と感じていました。そこで、イブニング・ダイアローグ＠代官山では、あえて人材育成に関連したテーマを離れ、国際ビジネスについて考える集いをやったりしています。

中原　ラーニングバーとイブニング・ダイアローグ@代官山の違いは、どんなところにあるのでしょう?

長岡　まず参加者の人数ですね。今は四〇人ほどに制限していて、僕としては、それ以上増やしたいとは思っていません。むしろ、もっと少人数、一〇人とか五人の会になっても、それはそれで面白いことが起きるんじゃないかと思っています。

「モヤモヤ感」をどうやって残すか

中原　ラーニングバーに登壇したときは、どんな印象をもちましたか?

長岡　めちゃくちゃ楽しかったです。学ぶ意欲があって、最新のトピックスについて感度がとても高い人たちが参加する場ですから、僕としてもありきたりな話はできない。参加者を刺激するような話をしなければ、というスリルのようなものを感じました。

中原　イブニング・ダイアローグ@代官山では「脱・知識伝授」「脱・予定調和」を強く打ち出していらっしゃいますよね。つまり、知識は伝授しない。これは「学習者に無難な理解を与えない」ということだと思うのですが。

長岡　学ぶ意欲の高い人は、話を聞くのが好きです。もちろん、そのことは大切だと思います。でも「知識を得る場」は既にたくさんあるのですから、僕としては、そうではない場づくりを追求すべきだと思っています。

中原　ラーニングバーとイブニング・ダイアローグの両方に参加したことがある人たちからは、「ラーニングバーは、イブニング・ダイアローグに比べてモヤモヤ感が残らない」という意見もあります。ラーニングバーでも、僕は「モヤモヤ感を残す」ことを目指しているはずなのですが、おかしいですね（笑）。イブニング・ダイアローグや長岡さんの「脱・予定調和」路線に比べたら、ラーニングバーはすっきりきれいにまとめすぎているのかもしれない、とも思います。

長岡　中原さんは学習畑の人なので、学習者の理解を重視すると思うんです。だから「人をモヤモヤさせておく」ような場の展開に、どこか許せない部分があるのではないですか？　参加者のなかには「まとめてほしい人」と「モヤモヤ感を残してほしい人」の二種類の人がいると思います。中原さんはその両方の人たちのためにうまくバランスをとって場を創っていくべきなのではないでしょうか。それができるのは中原さんだけだと思います。

中原　そう言われると僕の方がモヤモヤしてきます（笑）。

長岡　どんなに話がモヤモヤしそうな方向に展開していっても、最後は参加者がすっきりできるようなまとめにもっていくところが、中原さんの演出力だと思います。僕はそういうことはやりたくてもできないし、目指してはいけないと思っています。イブニング・ダイアローグ@代官山では、自分が好きなことを言いっ放しでまとめずに終わっちゃう。だから、参加者は帰りにはモヤモヤして元気がないんだと思いますよ。

中原　でも、そのモヤモヤ感をどこかですっきりさせてあげなくてはならないでしょう？　確かに僕は参加者のモヤモヤ感を五割ぐらい解いてしまっていますが、それは「そのくらいがちょうどいい」と思っているからでもあります。

長岡　たぶん、僕と中原さんとでは「固定観念の強固さ」に対するイメージが違っているんです。個人のなかに宿っている固定観念というものはすごく強いもので、少しぐらいモヤモヤ感を感じたからといって、そう簡単にアンラーンする（打ち破る）ことはできない。僕は、本当の意味で、組織的規範や固定観念から解き放たれるには、モヤモヤしている時間のほうが長いくらいでなければならない、と思っています。それに、モヤモヤ感は、締め切りに追われたりやるべき仕事に没頭したりしているうちに、消えてなくなっちゃうものです。だから、参加者に本当にアンラーンしてもらうためには、モヤモヤ感を次から次へと注入し続けないといけない。それがプロデューサーとしての僕の役割です。

中原　長岡さんのおっしゃることはよくわかります。でも、僕ならこう考えますね。確かに、固定観念はものすごく強い。でも、それを解体するのは、ものすごくハードな作業です。そして、ハードなことに向き合うためには、プラスのエネルギーも必要でしょう。そうでなければ、ハードなことに向き合うこと自体から逃走してしまう。個としての人は、そんなに強くないと思うんです。みんな「重過ぎる荷物」をさまざまに抱えて、毎日を生きている。だから、モヤモヤ度合いは、まずは適度でいい。僕が目指す場は「適度なモヤモヤ感が残ること」「向き合うための勇気をもらうこと」「背中を押してくれる人とのつながりができること」です。そこをきっかけにして、少しずつ少しずつ漢方のように、じわじわと効いてくればいい。ラーニング・プロデューサーとしての僕の役割は、そこにあると思っています。

長岡　僕はイブニング・ダイアローグ@代官山をはじめたとき、この場を「ジェットコースター」にするのはやめようと思ったんです。ジェットコースターは途中どんなにスリルに満ちていても、最後は安全な場所に戻ってこられますよね。そういう場づくりはしたくなかった。目指しているのは「サファリツアー」みたいな場づくりです。もしかしたら本当にライオンに食べられてしまうかもしれない、もう戻ってはこられないかもしれない、そういう危うさをより強く出したい。

中原　そのメタファは面白いですね。確かに、ラーニングバーはジェットコースターかもしれない。でもサファリツアーだって、結局は戻ってくるでしょう(笑)。スタート地点に戻らないサファリツアーがあったら、参加者はサバンナで暮らすほかはない。もしかすると、長岡さんがやりたいのは、本当に戻ってこられないサファリツアーなのかもしれないけれど。

続けることも挑戦か？

中原　僕はラーニングバーを続けながらも、変えること、壊すことを常に念頭に置いてきました。しかし、このままだと、変え続けようにも、いずれ限界がくるのではないかという危惧を感じています。

長岡　ラーニングバーは順調に成功への道を歩んできたからこそ、規模が大きくなり、挑戦的なことがやりづらくなってきたのかもしれませんね。親しい仲間同士でのお茶会のようだった、かつてのラーニングバーの雰囲気とは違ってきたことは事実でしょう。けれど、それは中原さんが目指してきた方向なのではないでしょうか？「ラーニングバーのような場があることを広く認知してもらって、より多くの人に大人の学び場を提供したい」、それが中原さんの目指してきたことだったと僕は理解しています。ラーニングバーは「一人ひとりが主体的に参加する対話を重視しつつ、その輪を大きく広げていく」という難しい道をあえて選択してきたのだから、その苦労から逃げてはダメでしょう。このまま突き進み、参加者が五〇〇人に膨らんだときのラーニングバーを僕は見てみたい。

中原　五〇〇人をひとつのラーニングバーで収容するのは不可能ですし、もし可能だったとしても、僕はそれを目指してはいませんよ。ラーニングバー自体が大人の学びを提供しなくても、むしろ、多くの人々が、ラーニング・プロデューサーとして立ち上がり、そうしたものを、各自で創造してくれるほうが、拡大戦略としては正しいと思っています。一方で、世の中に「ラーニングバー的」な場が増えているのだとしたら、プロフェッサーでもありプロデューサーでもある自分としては、もう次の場づくりに進まなくてはならないのではないか、という気持ちもあります。能力の限界が続く限り、常に新しいものを探求したいですね。

長岡　以前、二人で学びの場をパリのカフェになぞらえて議論したことがありましたよね。パリの街で人々がその日の気分で行きたいカフェを選べるように、同じ日に学びの場のイベントがたくさん開催されていて、参加者はそのなかから自分の好みに合わせて場をチョイスできるようになればいい、という話をしたと思うんですが。まだそうはなっていませんね。

中原　いつか「祭りの縁日」のように学びの場がたくさん出てくるといいね、と話し合いましたね。

長岡　だから、多数の人が学びの場のプロデューサーとして世に出てくるまで、ラーニングバーには「演歌の大御所」的な存在でいてほしいと思うんですよ。

中原　僕にそれを求めますか（笑）。

長岡　そうなると、演歌を嫌ってロックに走る奴とか、ギター一本で歌い出す奴とか、路上でライブをする奴らなんかが出てくるでしょう。そういう人たちが「演歌」の世界に反発するように、いろいろな学びの場のプロデューサーたちが「ラーニングバーなんかもうダメだ」と言いはじめるまで、中原さんが「王道」を歩まなくちゃいけない。それがラディカルということではないでしょうか。

中原　残念ながら、僕は「王道」を歩けないタイプなんですよ。それに、もう既に「演歌を嫌ってロックに走る奴」とか、「ギター一本で歌い出す奴」とかは出てきていますし、この本が出ることで、きっとその流れはさらに加速するでしょう。それでいいのです。世の中に多様な場があふれればいいと思っています。

今日は、どうもありがとうございました。

長岡健

（ながおか・たける）

産業能率大学情報マネジメント学部教授。英国ランカスター大学マネジメントスクール博士課程修了（Ph.D.）。専門は組織社会学・質的調査法・人材開発論。学習と組織をめぐる現象について、社会理論・学習理論、コミュニケーション論の視点から読み説くことを研究テーマとし、アクションラーニングやプロジェクト型学習といった概念を活用した社会人教育（研修・MBA）、ゲーミングやワークショップなどの概念を活用した参加型の学習環境デザインなどの実践活動にも取り組む。『企業内人材育成入門』『ダイアローグ 対話する組織』（ともに筆者との共著・ダイヤモンド社）がある。

最終章

学ぶことの意味、そして未来へ

ここまで、ラーニングバーの実態と、ラーニングバーをつくるにあたって僕が用いているノウハウ、そして現在生じているさまざまな課題について紹介してきました。

最終章では、あらためて、なぜ働く大人はラーニングバーのような「社外での学び」を必要としているのか、という問題を考えてみたいと思います。それを考え直すことで、これからの社会に、ラーニング・プロデューサーがさらに求められることがおわかり頂けると思います。

新入社員はどうやって一人前になるか

毎年、春になると、真新しいスーツに身を包み、緊張した面持ちで入社式に臨む若者の姿がニュースで放映されます。彼ら彼女らは、そのとき、学校というそれまでいた世界から、企業という新たな世界への「トランジション（School to Work Transition）」を果たそうとしています。

企業に入ってきた新入社員は、そこから何年間かをかけて、仕事をしていくための知識や技術を身につけ、職場のほかのメンバーとなじみ、組織や事業のことを理解し、職場風土に順応していきます。そうやって、組織目標を達成するために必要な知識や技術や価値観を獲得し、一人前の組織メンバーになっていくのです。一般的に、そのようなプロセス※は、

①企業研修などの教育訓練
②仕事の経験
③職場の人たちとの相互作用

という三つのきっかけによってうながされると言います。

第一のきっかけである「企業研修」は、通常、社員のステージに合わせて実施されます。これは、仕事に必要な知識や技術を社員に習得させる場であり、それぞれの企業がもつ理念や価値観を社員に共有させる場です。後者の意味においては、研修を「通過儀礼」の場ととらえることもできます。いわゆる階層研修は、その典型的なもののひとつでしょう。

第二、第三のきっかけである「仕事の経験」と「職場の人たちとの相互作用」もパワフルな学習機会です。

このあたりの理論的考察は、下記の文献をお読み頂ければと思います。
『企業とワークショップ』中原 淳（著）（近刊）／東京大学出版会
『学び学 ワークショップ』佐伯胖・苅宿俊文・高木光太郎（著）（近刊）／東京大学出版会
※このプロセスを「組織社会化（Organizational Socialization）」と呼びます。詳しくは『職場学習論』中原 淳（著）／東京大学出版会

人は「仕事の経験」を通じて、さまざまな知識や技術を身につけます。特に、飛躍的に成長するのは、「それまで担当してきた仕事よりも少し難しい仕事」「確実に達成できるとは限らない仕事」「できるかもしれないけれどもできないかもしれない仕事」などをひとそろい任せられ、それをなんとか成し遂げたときでしょう。ひとことで言えば、能力を伸ばすために必要なのは、適度な「ストレッチ（背伸び）」を必要とする仕事を任せられることなのです。比喩的に言えば、「昨日の背伸びは、今日の日常」となるでしょう。

そして、そうしたプロセスを側面支援するのが、ＯＪＴやメンタリングといった「職場の人たちとの相互作用」です。職場にいる人たちからさまざまな助言や指導をもらい、振り返る機会を与えられ、フィードバックを受けることで、新人や若手は成長します。特に、あるひとそろいの仕事を成し遂げたあとで、他者のコメントやフィードバックを得て、その仕事をしっかりと振り返り、自らのノウハウをためていくことが、成長のためにもっとも重要なことです。

つまり、働く人が一人前になっていくために理想的なのは、「任せられること」と「見守られること」が両方ある状態だと言えます。

変化を忌避する心理とリスク

研修、仕事経験、職場の人々との関わり……、このようなさまざまな機会を通して、組織で働く人たちは、いわゆる「仕事の型」を獲得し、ほぼ自動的に業務を回せるようになります。

そこまでいけば、業務をうまく回す知識や能力はすっかり身についており、組織の価値観、目標、メンバーとしての自分の役割責任といったものも内面化されていると言っていいでしょう。その状態を評して、「組織に染まっている」という人もいるかもしれません。その段階に達したビジネスパーソンは、しばしば自社のことを「うちの会社」と呼ぶようになります。

しかし、こうしたプロセスの完了は、組織にとって「諸刃の剣

（Double-edge sword）」となります。新人や若手に仕事を習熟させ、組織に順応させることによって生産性が向上する一方で、組織は「大きな代償」も支払っているのです。

それは、つまりこういうことです。

組織に染まった人は、その時点で組織がもっている価値観に対して揺るぎのない確信を抱く一方で、それとは違うものを知らず知らずのうちに排除したり忌避したりするようになります。あるいは、自分が既に身につけた知識や技術に束縛されてしまい、新たな「仕事の型」を獲得することや、仕事のやり方を変えることを億劫に感じるようになっていきます。人を組織に順応させることに成功した、ということは、反面で「変化を嫌う頑迷な個人をつくった」ことと同義である場合が多いのです。しかも、当の本人はそのことに気づきません。企業の特殊な価値観や知識・技術に対する「文化的無自覚性」を既に獲得してしまっているからです。

望むと望まざるとにかかわらず、企業で働く人は、暗黙のうちに、その場で支配的な枠組みに自らとらわれていきます。その結果、果てしない定型業務と惰性化のなかで、「ものの見方（パースペクティブ）」が固定化し、ステレオタイプ化していきます。

このことは個人にとってもリスクです。いま属している組織が未来永劫にわたって安泰であるのなら、それに順応することは、その人にとっての「成功」を意味するかもしれませんが、いまや「揺るぎのない約束の場所」など存在しません。外部環境の激しい変化によって、組織は常に再編されていきます。二つの組織が合併したり自分のいた組織が消失したりすることもあります。このような社会にあっては、ある組織に過剰に適応し、そこでしか働けなくなってしまった個人はリスクを負うのです。

日常を倒置・異化せよ

ビジネスパーソンが、会社という組織に適合していくなかで「変化の創出」や「変化への適応」を忌避するようになる、というのは、極めて皮肉な現象と言わざるを得ません。なぜなら、現在のビジネス環境のキーワードはまさに「変化」にほかならないからです。私たちのマーケット（外部環境）は、常に変化し続けており、その変化のスピードは、ますます速くなっているように感じます。

そのような環境のもとでは、過去に学んだことや身につけた「仕事の型」を問い直し、獲得してしまったステレオタイプを「捨てる」ことが求められます。このことを専門用語で「アンラーン（Unlearn）」と言います。何らかの業務経験をコアにしつつも、必要に応じて、ある部分、ある経験知をアンラーンし、学習し直すことのできる個人、すなわち「ラーナビリティ（学習可能性）」が高い個人、別の言葉で言うならば「変化可能性のある個人」が求められています。

それでは、知らず知らずのうちに人々に染みついた思考形式をアンラーンするためには何が必要なのでしょうか。これにはさまざまな答えが存在しますが、本書の趣旨である学びの場の議論に引きつけて考えるのであれば、それは次のような環境における「対話」がその答えのひとつになり得る、と思います。

①心理的安全が確保されている場
②多様な参加者による多様なものの見方が提供される場
③答えを押しつけられず、物事の意味や形を自ら つくり出すことが求められる場
④「ゴールとアジェンダのある会議」といった定型化されたコミュニケーションスタイルから自由になれる場
⑤時間的余裕が確保され、そのあいだに熟慮することが求められる場
⑥それゆえ、必ずしも予想できることだけが起こるわけではない場

もうおわかりのとおり、これらの①から⑥をすべてひっくり返したところに存在するものが、一般のビジネスパーソンが日々会社で過ごしている日常の風景にほかなりません。

すなわち、程度の差こそあれ、多くのビジネスパーソンは、日々、

①階層的な権力関係に基づいて働くことを求められ、
②組織価値に準拠したものの見方をすることを求められ、
③物事の意味は上意下達で定義され、
④コミュニケーションにおいては、もれなくだぶりもない、いわゆる
　論理的思考を順守するように求められ、
⑤なるべく迅速に、
⑥ノルマにしたがって成果を出すことを求められる

という状況に置かれていることでしょう。そして、そうしたコミュニケーションの支配する日常のなかで、日々の仕事に奮闘しています。

もちろん、いわゆる官僚制的な組織体制・コミュニケーションのなかで、スピードを重視しつつ業務を遂行することに、ことさら問題があるわけではありません。しかし、過去に学んだことや身につけた「仕事の型」を問い直し、凝り固まった「ものの見方」をアンラーンするためには、日常を倒置する（ひっくり返してみる）機会、あるいは異化する（異質なものに変えて見る）作業が求められます。倒置と異化によって、自

らと組織を呪縛するものに「裂け目」を入れることが必要なのです。

自らをアンラーンする主体へ

それでは、そのような場はどこにあるのでしょうか。もちろん、企業の内部にそのような場を創り出すことも可能なのかもしれません。しかし、企業の内部では定型的な日常業務を回すことが求められ、かつ、既に存在する権力関係にからめとられる危険性をはらんでいます。

そこで注目されているのが「組織の外部」なのかもしれない、と僕は思います。日々の業務に熟達し、そのときどきにふさわしい「仕事の型」を身につける一方で、折を見て、自らをアンラーンする機会を自らデザインすること、すなわち、日常を過ごす組織を一時的に離れ、社外の学びの場で出会う多様で異質な人々と対話をすることがその契機になるのではないか、と想像するのです。

既に見てきたように、社外における学びの場において「自分の日常」は「他人の驚き」であり、「他人の日常」は「自分の驚き」になります。

自分の仕事の領域ではまだ確立していなくても、他人の仕事の領域では既に確立されている考え方や技術を目の当たりにして、それらをうまく自分の仕事の領域に当てはめられるかに思いをめぐらすこともできます。つまりそこには、異質なものを「結合」する可能性、経営の言葉で言えば「イノベーション」の可能性が開けています。

「変化」の時代を生きる人々にとって、今後、社外の学びの場はより求められるようになるのではないか、と僕は思います。変えるべきものをアンラーンし、新たな物事を生み出す主体が今よりもさらに必要になるでしょう。そして、このような時代にあって、社会に求められているのがラーニング・プロデューサーであり、彼らが創造する学びの場なのです。

ここでいう学びの場とは、過剰に知識を注入されるような場を意味していません。また、第三者に自分の学習のオーナーシップを預けてしまうといった、いわゆる教育の場のようなものでもありません。むしろ、自ら積極的に異質な人々に出会い、自らに変化をもたらし、何かを変化させたいと願う個人の集う場のことを言います。

学びの場に集った個人はつながり、さまざまな物事を生み出し、そこに知がめぐりはじめます。さらには、これまで参加者のひとりでしかなかった個人が、今度は自分なりの学びの場を創り出していくのです。かくして、学びの場は連鎖しはじめます。そこに「エコシステム」というメタファでとらえ得る「何か」が生まれてきます。

本書で語り尽くしてきたラーニングバーが、この将来の構築に向けた「小さな種」となれば、僕としてはこれ以上嬉しいことはありません。

それは、激烈きわまる競争が支配する現代社会において、逆風のなかで播かれる、あまりに「小さな種」かもしれません。そして、小さ過ぎるその種は、読者の方々の場づくりにそのまま役に立つことはないかもしれません。しかし、僕はこの種が、読者の方々に「良質の問いかけ」

を提供し、それぞれのコンテクストに応じた、それぞれの試みを促すことができれば、と願うのです。

あまりに小さ過ぎるこの種が、いつの日か、陽光のもと「小さな芽」を出す日のことを、僕は願わずにはいられません。

おわりに

ラーニングバーについて語ることは、ラーニングバー以上のものを語ることになってしまう。本書は、冒頭で、僕が予想したとおりの展開になってしまいました。我が予想の的確さにいくばくかの自信をもつとともに、自らの語りの曖昧さと煮え切らなさに、忸怩たる思いも感じます。

この本の執筆は僕にとっては、「リフレクション（振り返り）」そのものでした。本書の執筆では、自分がふだん何の気なしに実践していることの意味を、内省し、意味づけし、文章にしていくことが求められました。その意味では非常に苦労しました。プロフェッサーとしての文章を書くことにはこれほどまでの困難を感じないのですが、プロデューサーとしての文章をしたためることは、ことさら骨が折れました。ともかく、いまは無事執筆を終えたことにホッとしています。

ラーニングバーとは何だったのか。

この問いこそが、本書を執筆するなかで、内省を深めるなかで、何度も考えたことでした。本書をお読みになった方にはおわかりのように、それは単なるイベントのようでいてそうではないものなのです。

それは、自らが学ぶための手段であり、他者と自己の関係を編み直す機会であり、自らの仕事のクオリティとチャンスを向上させるためのドライバであり、学生に学びの機会を提供するための場でもありました。さらに言うならば、ひとつの学びの場で人がつながり、知がめぐり、ひいてはそれがほかに伝播していくプロセスでした。それは、社会を「ラーニングフル（学びに満ちたもの）」にしていくための、ひとつの「スプリングボード（跳躍台）」の可能性ももち得ているのかもしれません。

繰り返し、僕は自らに問いかけます。

ラーニングバーとは何だったのか。

九万字弱の文字をもってその意味を紡いでも、ラーニング・プロデューサーとしての僕はそれに答えを出せないでいます。それは「勉強会」や「交流会」という均質なカテゴリーではすくい取れない「何か」であるのです。正直に言いますと、今あるどのような言葉を重ねようとも、ラーニングバーを語り尽くすことはできないように思われます。それはたぐり寄せたと思っても、するりと指先から抜け落ちてしまう「何か」であり、しかし、確実に存在する「何か」なのです。

この「何か」が「何であるか」を見定め、実証データと言葉で紡ぎ出すために、プロフェッサーとしての僕は、さらなる研究を続けたいと願います。それが「プロデューサー」でもあり「プロフェッサー」でもある、僕の背負った「Hard fun な課題」なのかもしれません。

最後に謝辞を述べさせて頂きます。
編集・構成の労をとってくれた秋山基さん、杉崎真名さんには、心より感謝します。また、写真の転載をご許可頂いた見木久夫さんにも、この場を借りて感謝いたします。

ラーニングバーの運営を手伝ってくれている東京大学大学院・学際情報学府の大学院生の皆さん、学部生スタッフの皆さん、またラーニングバーの共催団体であるNPO法人「Educe Technologies」の初代事務局長である坂本篤史さん、現事務局長である吉川久美子さん。皆さんが手伝ってくれていなかったら、ラーニングバーの運営は不可能でした。重ねて感謝いたします。対談にご参加頂いた舘野泰一さん、安斎勇樹さん、田中潤さん、長岡健先生にも、この場を借りて感謝いたします。本書を試読頂いた山形大学の酒井俊典先生にも心より感謝いたします。

また、ラーニングバーにこれまでご登壇頂いた素晴らしい講師の皆さん、これまで参加頂いた皆さんにも、心より感謝いたします。

最後に、ラーニングバーの開催当日のみならず、その準備のため、家を空けることの多い僕を支えてくれる妻・美和、そして寂しい思いをさせている息子にも感謝します。

今、社会は混沌としており、その不確実性の前に、皆が立ちすくんでいます。そのようななか、自分自身のあり方、あるいは、物事のあり方を「変える」ことの原動力たる「学習」という営為を探求する人間のひとりとして、いま、僕に何ができるでしょうか。

この問いを前にして、僕は思うのです。

こんな時代だからこそ、「学習」を研究する僕であるからこそ、下を向いてはいけないのだと。顔をあげ、前に一歩でも踏み出さなければならないのだと。さらに新しいものを生み出すべく、小さな歩みをやめてはならぬのだと。

おそらく、僕のなすべきことは、「不安とされる不安※」が支配する世の中においても、それに抗う力を支援すること。新しい物事を創造し、再生するきっかけを、ひとりの「プロデューサー」としてつくり、またその意味を「プロフェッサー」として探求することなのだ、と思うのです。その意味でも、僕は、自ら実践してきたラーニングバーに安住していることをよしとしません。それは「通過点」であって、「ゴール」ではないのです。

もちろん、これから僕が取り組むべきことは、僕ひとりでそれを成し

※『不安な経済／漂流する個人』リチャード・セネット（著）・森田典正（訳）／大月書店

遂げたいのではありません。僕の能力と時間は限られています。また、世界はあまりに広いのです。皆さんとつながりつつ、前に進みたいと思います。

この本をお読み頂いた皆さん一人ひとりと、ときには対話し、ときにはつながりつつ、心地よい風に吹かれ、静かに、しかし確かな足取りで、一歩一歩、この変化に富む時代を歩んでいきたい。そのような願いのもとに、静かに筆を置きます。

Have hard fun together！

二〇一〇年一二月一日

ラーニング・プロデューサーのひとりとして

中原 淳

中原 淳（なかはら・じゅん）

東京大学 大学総合教育研究センター准教授。東京大学大学院・学際情報学府准教授（兼任）。北海道旭川市生まれ。東京大学教育学部卒業、大阪大学大学院・人間科学研究科、米国・マサチューセッツ工科大学客員研究員等を経て、二〇〇六年より現職。大阪大学博士。専門は経営学習論、組織行動論。

「大人の学びを科学する」をテーマに、企業・組織における人々の成長・コミュニケーション・リーダーシップについて研究している。著書に『企業内人材育成入門』『ダイアローグ 対話する組織』（いずれも共著、ダイヤモンド社）、『リフレクティブ・マネジャー』（共著、光文社）、『職場学習論』（単著、東京大学出版会）など多数。働く大人の学びに関する公開研究会「ラーニングバー」を含め、各種のワークショップをプロデュース。

研究の詳細は、ブログ：NAKAHARA-LAB.NET（http://www.nakahara-lab.net/）。

Twitter ID：nakaharajun

知がめぐり、人がつながる場のデザイン

発行日　2011 年 2 月 14 日　第 1 版　第 1 刷
　　　　2020 年 7 月 14 日　第 1 版　第 2 刷

著者　中原 淳（なかはら・じゅん）

発行人　原田英治
発行　英治出版株式会社
〒150-0022 東京都渋谷区恵比寿南 1-9-12 ピトレスクビル 4F
電話　03-5773-0193　FAX　03-5773-0194
http://www.eijipress.co.jp/
プロデューサー　杉崎真名
スタッフ　高野達成　藤竹賢一郎　山下智也　鈴木美穂　下田理　田中三枝
安村侑希子　平野貴裕　上村悠也　桑江リリー　石崎優木
山本有子　渡邉吏佐子　中西さおり　関紀子　片山実咲

印刷・製本　大日本印刷株式会社
装丁・本文デザイン　スープ・デザイン
編集協力　秋山 基
撮影　見木久夫

ISBN978-4-86276-097-5　C0030　Printed in Japan